CYFRES BEIRDD YR UCHELWYR

Gwaith Mathau Brwmffild

GWAITH MATHAU BRWMFFILD

golygwyd gan

A. CYNFAEL LAKE

ABERYSTWYTH
CANOLFAN UWCHEFRYDIAU CYMREIG A CHELTAIDD
PRIFYSGOL CYMRU
2002

Y mae cofnod catalogio'r llyfr hwn ar gael gan y Llyfrgell Brydeinig.

ISBN 0 947531 76 9

Cysodwyd gan staff Canolfan Uwchefrydiau Cymreig a Cheltaidd Prifysgol Cymru.
Argraffwyd gan Bookcraft, Midsomer Norton.

Rhagair

Cais i baratoi cofnod ar gyfer y *New Dictionary of National Biography* a'm harweiniodd yn gyntaf at Fathau Brwmffild, ond o dipyn i beth tyfodd y cofnod byr yn astudiaeth lawn o ganu'r bardd. Cynigir yma destun golygedig o'r cerddi a briodolir iddo yn y llawysgrifau, cyfanswm o un gerdd ar hugain ynghyd ag un englyn na ellir bod yn gwbl sicr ynghylch ei awduraeth. Yn unol â dull y gyfres, diweddarwyd yr orgraff ac atalnodwyd y testun. Cofnodwyd darlleniadau'r amryfal lawysgrifau ac fe'u trefnwyd bob tro trwy roi'r flaenoriaeth i'r ffynhonnell y pwyswyd fwyaf arni wrth lunio'r testun. Wrth lunio'r testun ceisiwyd dilyn un ffynhonnell a newid cyn lleied arni ag yr oedd amgylchiadau yn caniatáu. Cofnodwyd yr amrywiadau yn orgraff y ffynhonnell flaenaf bob tro. Defnyddiwyd bachau petryal os oedd gair neu eiriau yn eisiau yn y llawysgrif(au) a defnyddiwyd llythrennau italig i ddynodi'r hyn a ychwanegwyd os oedd lle i farnu bod y testun gwreiddiol naill ai yn wallus neu yn anghyflawn. Defnyddiwyd llythrennau italig yn yr adran 'Amrywiadau' i ddangos bod yr hyn sydd yn y llawysgrif naill ai yn aneglur neu yn anodd i'w ddarllen.

Mawr yw fy niolch i'r Athro Emeritws R. Geraint Gruffydd, i aelodau'r Bwrdd Golygyddol ac i Mr Daniel Huws am eu sylwadau a'u hawgrymiadau gwerthfawr. Cydnabyddaf fy nyled unwaith yn rhagor i Dr Ann Parry Owen, golygydd y gyfres, a phriodol yw mynegi yn gyhoeddus fy niolch iddi am ei gofal a'i thrylwyredd wrth lywio'r gyfrol trwy'r wasg. Gwerthfawrogaf hefyd gydweithrediad parod staff Llyfrgell Genelaethol Cymru.

A. Cynfael Lake
Gorffennaf 2002

Y cynnwys

Byrfoddau

Llyfryddol

AAST	*Anglesey Antiquarian Society and Field Club Transactions*, 1913–
Arch Camb	*Archaeologia Cambrensis*, 1846–
B	*Bwletin y Bwrdd Gwybodau Celtaidd*, 1921–93
Barn	'Llyfr y Barnwyr' yn yr Hen Destament
BD	*Brut Dingestow*, gol. Henry Lewis (Caerdydd, 1942)
BL Add	Llawysgrif Ychwanegol yng nghasgliad y Llyfrgell Brydeinig, Llundain
Bodley	Llawysgrif yng nghasgliad Llyfrgell Bodley, Rhydychen
Brog	Llawysgrif yng nghasgliad Brogyntyn, yn Llyfrgell Genedlaethol Cymru, Aberystwyth
ByCy	*Y Bywgraffiadur Cymreig hyd 1940* (Llundain, 1953)
ByCyAt	*Y Bywgraffiadur Cymreig 1941–1950 gydag Atodiad i'r Bywgraffiadur Cymreig hyd 1940* (Llundain, 1970)
CAMBM 1844	*Catalogue of Additions to the Manuscripts in the British Museum in the years 1841–1845* (London, 1850)
CAMBM 1876–81	*Catalogue of Additions to the Manuscripts in the British Museum in the years 1876–1881* (London, 1882)
Card	Llawysgrif yn Llyfrgell Ganolog Caerdydd
CLC²	*Cydymaith i Lenyddiaeth Cymru*, gol. Meic Stephens (argraffiad newydd, Caerdydd, 1997)
CM	Llawysgrif yng nghasgliad Cwrtmawr, yn Llyfrgell Genedlaethol Cymru, Aberystwyth

CO³   *Culhwch ac Olwen*, gol. Rachel Bromwich a D. Simon Evans gyda chymorth Dafydd H. Evans (Caerdydd, 1997)

Cy   *Y Cymmrodor, the Magazine of the Honourable Society of Cymmrodorion*, 1877–1951

Cylchg CHSFeir   *Cylchgrawn Cymdeithas Hanes a Chofnodion Sir Feirion(n)ydd*, 1949–

Cylchg HC   *Cylchgrawn Hanes Cymru*, 1960–

Cylchg LlGC   *Cylchgrawn Llyfrgell Genedlaethol Cymru*, 1939–

D   *Dictionarium Duplex*, ed. John Davies (Londinium, 1632)

DNB   *Dictionary of National Biography* (22 vols., London, 1908–9)

DWH   Michael Powell Siddons, *The Development of Welsh Heraldry* (3 vols., Aberystwyth, 1991–3)

L. Dwnn: HV   *Heraldic Visitations of Wales*, gol. S.R. Meyrick (Llandovery, 1846)

Ecs   'Llyfr Ecsodus' yn yr Hen Destament

Francis Green   Llawysgrifau Francis Green, Tyddewi, yn Llyfrgell Sir Benfro, Hwlffordd

G   *Geirfa Barddoniaeth Gynnar Gymraeg*, gol. J. Lloyd-Jones (Caerdydd, 1931–63)

GCC   D. Simon Evans, *Gramadeg Cymraeg Canol* (Caerdydd, 1960)

GDEp   *Gwaith Dafydd Epynt*, gol. Owen Thomas (Aberystwyth, 2002)

GDG   *Gwaith Dafydd ap Gwilym*, gol. Thomas Parry (Caerdydd, 1952)

GDLl   *Gwaith Dafydd Llwyd o Fathafarn*, gol. W. Leslie Richards (Caerdydd, 1964)

GGH   *Gwaith Gruffudd Hiraethog*, gol. D.J. Bowen (Caerdydd, 1990)

GGl²   *Gwaith Guto'r Glyn*, gol. J. Llywelyn Williams ac Ifor Williams (ail arg., Caerdydd, 1961)

GGM	*Gwaith Gwerful Mechain*, gol. Nerys Ann Howells (Aberystwyth, 2001)
GGLl	*Gwaith Gruffudd Llwyd a'r Llygliwiaid Eraill*, gol. Rhiannon Ifans (Aberystwyth, 2000)
GHCEM	*Gwaith Huw Ceiriog ac Edward Maelor*, gol. Huw Ceiriog Jones (Caerdydd, 1990)
GIG	*Gwaith Iolo Goch*, gol. D.R. Johnston (Caerdydd, 1988)
GLD	*Gwaith Lewys Daron*, gol. A. Cynfael Lake (Caerdydd, 1994)
GLGC	*Gwaith Lewys Glyn Cothi*, gol. Dafydd Johnston (Caerdydd, 1995)
GLM	*Gwaith Lewys Môn*, gol. Eurys I. Rowlands (Caerdydd, 1975)
GLlG	*Gwaith Llywelyn Goch ap Meurig Hen*, gol. Dafydd Johnston (Aberystwyth, 1998)
GLlLl	*Gwaith Llywarch ap Llywelyn 'Prydydd y Moch'*, gol. Elin Jones (Caerdydd, 1989)
GPC	*Geiriadur Prifysgol Cymru* (Caerdydd, 1950–)
GPhE	*Gwaith Syr Phylib Emlyn, Syr Lewys Meudwy a Mastr Harri ap Hywel*, gol. M. Paul Bryant-Quinn (Aberystwyth, 2001)
R.A. Griffiths: PW i	R.A. Griffiths, *The Principality of Wales in the Later Middle Ages: i. South Wales 1277–1536* (Cardiff, 1972)
GSC	*Gwaith Siôn Ceri*, gol. A. Cynfael Lake (Aberystwyth, 1996)
GSCMB	'Guide to the Special Collections of Manuscripts in the Library of the University College of North Wales Bangor' (cyfrol anghyhoeddedig, Prifysgol Cymru, Bangor, 1962)
GSH	*Gwaith Siôn ap Hywel*, gol. A. Cynfael Lake (Aberystwyth, 1999)

GSRh	*Gwaith Sefnyn, Rhisierdyn, Gruffudd Fychan ap Gruffudd ab Ednyfed a Llywarch Bentwrch*, gol. Nerys Ann Jones ac Erwain Haf Rheinallt (Aberystwyth, 1995)
GWL ii	*A Guide to Welsh Literature Volume 2*, ed. A.O.H. Jarman & Gwilym Rees Hughes (Swansea, 1979)
GWLl	Roy Stephens, 'Gwaith Wiliam Llŷn' (Ph.D. Cymru [Aberystwyth], 1983)
Gwyn	Llawysgrif yng nghasgliad J. Gwyneddon Davies yn Llyfrgell Prifysgol Cymru, Bangor
HCLl	*Gwaith Huw Cae Llwyd ac Eraill*, gol. Leslie Harries (Caerdydd, 1953)
HCym	John Davies, *Hanes Cymru* (London, 1990)
HMNLW	*Handlist of Manuscripts in the National Library of Wales* (Aberystwyth, 1943–)
IGE[2]	*Cywyddau Iolo Goch ac Eraill*, gol. Henry Lewis, Thomas Roberts ac Ifor Williams (ail arg., Caerdydd, 1937)
J	Llawysgrif yng nghasgliad Coleg Iesu, Rhydychen
JPWM	J.R.S. Phillips, *Justices of the Peace in Wales and Monmouthshire 1541–1689* (Cardiff, 1975)
LBS	S. Baring-Gould and John Fisher, *The Lives of the British Saints* (4 vols., London, 1907–13)
LGC	*The Poetical Works of Lewis Glyn Cothi*, ed. Tegid and Gwallter Mechain (Oxford, 1837–9)
LPFD	*Letters & Papers, Foreign & Domestic of the Reign of Henry VIII* (21 vols., London)
LSEW	*Lists of Sheriffs for England and Wales*, Lists & Indexes No IX (Public Records Office, London, 1898)
LlCy	*Llên Cymru*, 1950–
LlGC	Llawysgrif yng nghasgliad Llyfrgell Genedlaethol Cymru, Aberystwyth

Llst	Llawysgrif yng nghasgliad Llansteffan, yn Llyfrgell Genedlaethol Cymru, Aberystwyth
MCF	Mynegai Cyfrifiadurol i Farddoniaeth, Llyfrgell Genedlaethol Cymru, Aberystwyth
MED	*Middle English Dictionary* (Michigan, 1963–)
MEnc	*Microsoft Encarta 97 Encyclopedia*
MFGLl	*Mynegai i Farddoniaeth Gaeth y Llawysgrifau* (Caerdydd, 1978)
J. Morris-Jones: CD	John Morris-Jones, *Cerdd Dafod* (Rhydychen, 1925)
Mos	Llawysgrif yng nghasgliad Mostyn, yn Llyfrgell Genedlaethol Cymru, Aberystwyth
NBSD	Robert Lewis Roberts, 'Noddwyr y Beirdd yn Sir Drefaldwyn' (M.A. Cymru [Aberystwyth], 1980)
NBSG	Eurig Davies, 'Noddwyr y Beirdd yn Sir Gaerfyrddin' (M.A. Cymru [Aberystwyth], 1977)
NCE	*New Catholic Encyclopaedia* (New York, 1967–79)
NLWCM	J.H. Davies, *The National Library of Wales: Catalogue of Manuscripts*, i (Aberystwyth, 1921)
OBWV	*The Oxford Book of Welsh Verse*, ed. Thomas Parry (Oxford, 1962)
OCD[3]	*The Oxford Classical Dictionary*, ed. Simon Hornblower and Antony Spawforth (third ed., Oxford, 1996)
ODCC[3]	*The Oxford Dictionary of the Christian Church*, ed. F.L. Cross and E.A. Livingstone (third ed., London, 1997)
PACF	J.E. Griffith, *Pedigrees of Anglesey and Carnarvonshire Families* (Bangor, 1914)
Pen	Llawysgrif yng nghasgliad Peniarth, yn Llyfrgell Genedlaethol Cymru, Aberystwyth
RWM	*Report on Manuscripts in the Welsh Language*, ed. J. Gwenogvryn Evans (London, 1898–1910)

SCWMBLO	F. Madan and H.H.E. Craster, *Summary Catalogue of Western Manuscripts in the Bodleian Library at Oxford* (Oxford, 1924)
Siôn Brwynog: C	Rosemarie Kerr, 'Cywyddau Siôn Brwynog' (M.A. Cymru [Bangor], 1960)
TA	*Gwaith Tudur Aled*, gol. T. Gwynn Jones (Caerdydd, 1926)
TCHSDd	*Trafodion Cymdeithas Hanes Sir Ddinbych*, 1952–
THSC	*The Transactions of the Honourable Society of Cymmrodorion*, 1892/3–
TR	Thomas Richards, *Antiquae Linguae Britannicae Thesaurus* (Bristol, 1753)
Traeth	*Y Traethodydd*, 1845–
Treigladau	T.J. Morgan, *Y Treigladau a'u Cystrawen* (Caerdydd, 1952)
TYP	*Trioedd Ynys Prydein*, ed. Rachel Bromwich (Cardiff, 1961)
TYP[2]	*Trioedd Ynys Prydein*, ed. Rachel Bromwich (second ed., Cardiff, 1978)
WATU	Melville Richards, *Welsh Administrative and Territorial Units* (Cardiff, 1969)
WCCR[2]	Glanmor Williams, *The Welsh Church from Conquest to Reformation* (second ed., Cardiff, 1976)
WCD	P.C. Bartrum, *A Welsh Classical Dictionary: People in History and Legend up to about A.D. 1000* (Aberystwyth, 1993)
WG	J. Morris Jones, *A Welsh Grammar* (Oxford, 1913)
WG1	P.C. Bartrum, *Welsh Genealogies AD 300–1400* (Cardiff, 1974)
WG2	P.C. Bartrum, *Welsh Genealogies AD 1400–1500* (Aberystwyth, 1983)
WLl	*Barddoniaeth Wiliam Llŷn*, gol. J.C. Morrice (Bangor, 1908)

Termau a geiriau

a.	ansoddair, ansodd-eiriol	gol.	golygydd, golygwyd gan
adf.	adferf	grb.	gorberffaith
angh.	anghyflawn	grch.	gorchmynnol
amhff.	amherffaith	grff.	gorffennol
amhrs.	amhersonol	gthg.	gwrthgyferbynier, gwrthgyferbyniol
amr.	amrywiad		
anh.	anhysbys	gw.	gweler
ardd.	arddodiad, arddodiaid	Gwydd.	Gwyddeleg
		H.	Hen
arg.	argraffiad	h.y.	hynny yw
art.cit.	*articulo citato*	*ib.*	*ibidem*
b.	benywaidd (ac weithiau berf)	*id.*	*idem*
		l.c.	*loco citato*
be.	berfenw	ll.	lluosog; llinell
bf.	(f.) berf, -au	Llad.	Lladin
c.	*circa*	llau.	llinellau
c.	(g.) canrif	llsgr.	llawysgrif
C.	Canol	llsgrau.	llawysgrifau
cf.	cymharer	m.	mewnol; merch
Cym.	Cymraeg	myn.	mynegol
cys.	cysylltair, cysylltiad	neg.	negydd, -ol
d.g.	dan y gair	*ob.*	*obiit*
dib.	dibynnol	*op.cit.*	*opere citato*
diw.	diweddar	p.	priod
e.	enw	pres.	presennol
eb.	enw benywaidd	prff.	perffaith
e.c.	enw cyffredin	prs.	person, -ol
ed.	*edited by*, *edition*	pth.	perthynol
e.e.	er enghraifft	r	*recto*
eg.	enw gwrywaidd	rh.	rhagenw, rhagenwol
e.p.	enw priod	S.	Saesneg
ex inf.	*ex informatione*	*sc.*	*scilicet*
f.	ffolio	*s.n.*	*sub nomine*
fl.	*floruit*	td.	tudalen
ff.	ffolios	tt.	tudalennau
ffig.	ffigurol	un.	unigol
g.	(c.) canrif	v	*verso*
g.	gwrywaidd	vols.	*volumes*

Rhagymadrodd

Prin iawn yw'n gwybodaeth am Fathau Brwmffild.[1] Nid anghyffredin ydoedd i fardd fabwysiadu enw pentref neu dref, sir neu ranbarth, afon neu fynydd, fel y tystia enwau rhai o'r prydyddion a oedd yn eu blodau yn ail hanner y bymthegfed ganrif a hanner cyntaf y ganrif ddilynol—dyna Lewys Daron, Lewys Menai, Lewys Môn, Lewys Morgannwg, Dafydd Alaw, Ieuan Dyfi a Dafydd Epynt. Gellid tybio, felly, mai gŵr o gwmwd Maelor Gymraeg oedd Mathau, fel Edward Maelor, y bardd a'r crythor a ganai yn ail hanner yr unfed ganrif ar bymtheg.[2] Yn wir, cyfeirir ato yn y llawysgrifau yn achlysurol wrth yr enw *Mathey Bromffild o faelor*,[3] er bod awgrym mewn un llawysgrif o'r unfed ganrif ar bymtheg ei fod yn hanu *o ymyl dymbech o wynedd*,[4] ac awgrym pellach mewn llawysgrif o'r bedwaredd ganrif ar bymtheg mai gŵr *o faglau* ydoedd.[5] Y ffurf Saesneg ar enw'r cwmwd sy'n digwydd wrth yr holl gerddi a dadogir ar y bardd.[6] Henry Salesbury yn unig sy'n ei alw yn 'Mathew Maelor'.[7] Y mae'n arwyddocaol fod teulu a drigai yn Rhiwabon tua chanol yr unfed ganrif ar bymtheg yn

---

[1] Y ffurf *Mathew* a ddefnyddir bron yn ddieithriad yn y llsgrau. sy'n cynnwys ei waith, ond *Mathau* yw'r ffurf a arferodd y bardd yr unig dro y dewisodd ei enwi ei hun, a gwelir bod yr odl yn cadarnhau'r ffurf honno, gw. 2.43–4 *Nychaf fyth na cha-i, Fathau, / Os cyfiawn hyn, ysgafnhau.*

[2] GHCEM xix–xxiv lle y cynigir ei fod yn hanu o Wrecsam neu'r cyffiniau; CLC² 211.

[3] LlGC 872D, BL Add 14976 [= RWM 22], BL Add 31071 a CM 12, ond copïau o'r un cywydd (cerdd 14) yw'r rhain.

[4] Llst 7, 331 (cerdd 18). Ym Mhowys Fadog yr oedd Maelor Gymraeg, ac nid yng Ngwynedd, gw. WATU 182. Ei englyn cyntaf yn y gyfres i Ruffudd Dwnn a gopïwyd yn Llst 7, a *mathav bronnffild o wynedd ai kantt* a ysgrifennodd Dwnn wrth droed y dryll o gywydd o waith Mathau, gw. cerdd 21 (ond efallai fod Gwynedd a Gogledd Cymru yn gyfystyron yng ngolwg Dwnn).

[5] LlGC 96B, 54 (cerdd 18). Nid yw'r enw hwn i'w weld ar y mapiau cynnar a wnaed o gwmwd Maelor.

[6] Sillefir ail elfen ei enw mewn sawl ffordd yn y llsgrau. sy'n cynnwys ei ganu. Dyma rai o'r ffurfiau a ddefnyddiwyd: *Bromffild, Brwmffild, Brwnfild, Brwynffil, Bronnffild, Broomefild, Brownffild, Browmffild.*

[7] M.T. Burdett-Jones, ' "Index Auctorum" Henry Salesbury ac "Authorum Britannicorum Nomina" John Davies', Cylchg LlGC xxvi (1989–90), 353–60. 1500 yw'r dyddiad a rydd Henry Salesbury i 'Mathew Maelor', a'r un dyddiad a roes John Davies, Mallwyd, i 'Mathew Bromffild', a diau mai at yr un bardd y cyfeiria'r ddau gofnod. Ni phriodolir yr un gerdd i Fathew Maelor yn MFGLl nac yn MCF. Ysywaeth, ni cheir cwpledi enghreifftiol yn y ddau eiriadur a luniodd Henry Salesbury, sef J 10 a LlGC 13215E (gw. M.T. Burdett-Jones, 'Dau eiriadur Henry Salesbury', Cylchg LlGC xxvi (1989–90), 241–50), fel sydd yng ngeiriadur John Davies, ac o ganlyniad, ni ellir profi yn derfynol mai dwy ffurf ar enw'r un bardd a geir yma.

arddel y cyfenw 'Bromfield'.[8] Sieffre, mab Tudur ap Gruffudd ap Dafydd
ap Gruffudd, oedd aelod cyntaf y teulu i wneud hynny, a barnu wrth yr
achres yn *Heraldic Visitations* Lewys Dwnn, ac yr oedd ar dir y byw yn y
flwyddyn 1542.[9] Canodd Wiliam Llŷn gywydd i'w fab, Martin, i ddiolch am
fwa.[10] Ond y mae'n bur sicr fod yr enw Brwmffild yn cael ei arfer cyn
dyddiau Sieffre. Canodd Guto'r Glyn i ofyn saeled gan Wiliam Rodn dros
ŵr o'r enw Dafydd Bromffild.[11] Yr unig beth a ddysgwn amdano yw ei fod
yn ŵr o Faelor Gymraeg:

> Os Wiliam a rydd saeled
> O Rodn i gloi'r iad yn gled,
> Yno y gwelaf ar Ddafydd
> Olwg ar ddur, ail gwawr ddydd.
> Hindda ym Maelor Gymräeg,
> Haul am y tâl, helmet teg.[12]

Gwelodd golygyddion GGl[2] yr ach yn L. Dwnn: HV ii, 361, a barnu mai
Dafydd ap Martin ap Sieffre a fynnai'r saeled, hynny yw, mab y gŵr a
gyfarchwyd yng nghywydd erchi Wiliam Llŷn! Gan fod Sieffre ar dir y byw
ym mhedwardegau'r unfed ganrif ar bymtheg, efallai mai ei hendaid,
Dafydd, a enwir yng nghywydd Guto. Y mae'n bosibl, hefyd, fod yr ach yn
anghyflawn. Nid yw enw Mathau Brwmffild i'w weld yn yr ach, ond nid
annichon ei fod yn aelod o'r un tylwyth, a'i fod yn defnyddio'r ffurf
Saesneg 'Brwmffild' yn hytrach na 'Maelor' am mai dyma gyfenw
mabwysiedig ei deulu.[13]

Anodd pennu yn fanwl gyfnod ei flodeuo. Er na ddylid diystyru
awgrymiadau Dyneiddwyr yr ail ganrif ar bymtheg, canu'r bardd ei hun
yw'r dystiolaeth bwysicaf o ddigon. Dyry Dr John Davies, Mallwyd, y
dyddiad 1500 yn ei eiriadur,[14] ond ni ellir dyddio'r un o'r cerddi a ddiogel-

---

[8] Y mae Rhiwabon ym Maelor Gymraeg, gw. WATU 288. Ymgorfforwyd y cwmwd yn sir
Ddinbych maes o law, gw. *ib.* 56.

[9] WG2 'Idnerth Benfras' 6(C); L. Dwnn: HV ii, 361. Y mae'n debyg mai ef oedd y *Geoff.
Bromefelde* a enwir ymhlith y boneddigion o sir Ddinbych a gymerodd ran yn yr ymosodiad ar
Ffrainc yn 1544, gw. LPFD xix / i, cofnod 273. Cartrefai'r teulu ym Mrynywiwer. Gw.
ymhellach sylw Enid Roberts, *Dyffryn Clwyd a'r Cyffiniau Bum Can Mlynedd yn Ôl* (Caernarfon,
1985), 13: 'Ddechrau'r ganrif ddilynol [16g.] yr oedd gŵr o'r enw Sieffrai Brwmffild—brodor
o'r cyffiniau (yr oedd teulu o'r enw yn byw ym Mrynywiwer yn hen blwyf Rhiwabon), wedi ei
hyfforddi yn Rhiwabon mae'n bur debyg—yn Llundain yn gwneud bwcledau i'r brenin Harri
VIII a'r Gard.'

[10] GWLl cerdd 158 (*Y llew o'r blaen uwch llu'r blaid*).

[11] GGl[2] cerdd XXIX.

[12] *Ib.* llau. 65–70.

[13] Byddai'n hysbys mai Maelor oedd 'ei wlad', a manteisia'r bardd ar y ffaith honno wrth iddo
foli Rhydderch ap Dafydd ym mhegwn arall gogledd Cymru, gw. 3.59–62 *Ni allaf, rhodiaf bob
rhan, / Glywed oll o'm gwlad allan / Gamp, yn fyw, o'r mawrgnyw mau, / Be delid, am bedolau.*

[14] Gw. y rhestr o feirdd a'u cyfnodau a restrir ar ddiwedd D.

wyd yn y llawysgrifau i chwarter cyntaf yr unfed ganrif ar bymtheg.[15] Yr
oedd yn canu erbyn 1527, os gellir derbyn mai ei eiddo ef yw'r englyn i
Lewys Môn.[16] Lluniodd Lewys ei ewyllys y flwyddyn honno,[17] ac fe'i cladd-
wyd yn Abaty Glyn-y-groes, nid nepell o gynefin Mathau. Ysywaeth, priod-
olir yr un englyn yn union i Wiliam Llŷn, a barnai Roy Stephens mai ef a'i
lluniodd.[18] Ond gwyddys i sicrwydd i Fathau ganu ei gywydd moliant i Syr
Wiliam Gruffudd o'r Penrhyn cyn 1531,[19] a gall fod y cywydd moliant i Rys
Rhyd o'r Castell Moel yn sir Gaerfyrddin hefyd ymhlith ei gyfansoddiadau
cynharaf;[20] canodd Lewys Glyn Cothi i dad hwnnw rhwng 1485 a 1489.

Ailadroddir y dyddiad a gynigiodd Dr John Davies yn *Repertorium
Poeticum* Moses Williams, ond ychwanegwyd y sylw '1550 medd
E. Llwyd'.[21] A hwn yw'r dyddiad a welir ym mywgraffiadau'r bedwaredd
ganrif ar bymtheg.[22] Dwy gerdd yn unig y gellir bod yn gwbl sicr ynghylch
dyddiad eu llunio, sef y marwnadau i Rys ap Hywel o Fodowyr ac i Hywel
ap Dafydd o Nannau, dau gywydd a luniwyd yn 1539.[23] Er na ellir dyddio'r
darnau eraill yn fanwl, gallai Mathau fod wedi eu cyfansoddi oll yn ystod y
tridegau a dechrau'r pedwardegau, a bernir, felly, ei fod yn canu, yn fras,
rhwng 1530 a 1545.[24] Nid oes tystiolaeth ei fod yn dal i ganu yn 1550, fel yr
awgrymodd Edward Lhuyd.

Dywed Thomas Wiliems ddarfod ei gladdu yng Nghaerfyrddin.[25] Hyd y
gwyddys, ni chyfeirir ato o gwbl yng nghanu ei gyfoeswyr. Tâl nodi bod
braslun o wyneb gŵr i'w weld ar dudalen cyntaf yr adran sy'n cynnwys

---

[15] Awgrymir yn ByCy 50 iddo ganu ei gywydd moliant i Risiart ap Rhys, Gogerddan, tua
1520, a hynny ar sail tystiolaeth llsgr. CM 12. Yn y llsgr. honno, rhagflaenir cywydd Mathau
gan awdl o waith Huw Arwystl i'r un gwrthrych, ac y mae'r awdl yn dilyn cywydd o waith Siôn
Ceri. Wrth droed ei gywydd ef, nodwyd *Sion Ceri ai Cant AD 1520*. Nid yw'n dilyn mai yn y
flwyddyn hon y lluniodd Mathau ei gywydd ef, ac nid oes sicrwydd ychwaith mai yn 1520 y
canodd Siôn Ceri ei gywydd yntau. Digwydd y dyddiad hwnnw ar sawl achlysur mewn
perthynas â'i waith, gw. GSC 8–9.

[16] Cerdd 22.

[17] GLM xi. Hefyd Dafydd Wyn Wiliam, 'Ach Lewys Môn', AAST, 1982, 137–9.

[18] GWLl cerdd 196. Gair cyntaf yr englyn yn unig sy'n wahanol. 'Morys' sy'n digwydd yn
englyn Wiliam Llŷn yn hytrach na 'Lewys', a chyfarch y bardd Morys Dwyfech a wneir. Gw.
ymhellach tt. 109–10.

[19] Cerdd 4.

[20] Cerdd 17.

[21] Moses Williams, *Repertorium Poeticum* (Londini, 1726), 75. Yn fersiwn Llst 57 o'r
Repertorium, f. 119ʳ (y tro hwn dosbarthwyd y cywyddau dan enwau'r beirdd yn hytrach na
fesul ll. yn nhrefn yr wyddor), newidiwyd 1500 yn 1550. Dyma'r cerddi o waith Mathau Brwm-
ffild a restrir yn y ddau waith: 1, 3, 5, 15, 20. *Mathew Bromffild o Vaelor 1550* yw'r pennawd i'r
adran sy'n cynnwys cerddi'r bardd yn BL Add 31071, sef cerddi 1, 3, 5, 7, 9, 14, 20.

[22] Robert Williams, *Enwogion Cymru: A Biographical Dictionary of Eminent Welshmen*
(Llandovery, 1852), 48; J.T. Jones, *Geiriadur Bywgraffyddol o Enwogion Cymru* (2 gyf., Aberdar,
1867–70), i, 43; I. Foulkes, *Geirlyfr Bywgraffiadol o Enwogion Cymru* (Liverpool, 1870), 75.

[23] Cerddi 1 a 10.

[24] Trafodir dyddiad pob cerdd yn unigol yn y Nodiadau.

[25] BL Add 31055, 48ᵛ. Trafodir ei gyswllt â noddwyr a drigai yn sir Gaerfyrddin isod, tt. 5–6.

canu'r bardd yn llawysgrif BL Add 31071; y mae ei wyneb yn hir a'i wallt a'i farf yn llaes, ond diau mai ffrwyth dychymyg y copïwr yw'r portread hwn.

Diogelwyd un darn ar hugain o'i waith, ynghyd â'r englyn i Lewys Môn a grybwyllwyd eisoes, sef cyfres o bum englyn, tair awdl a dau gywydd ar bymtheg.[26] Bardd a ganai glodydd ei noddwyr oedd Mathau yn anad dim. Y mae un ar ddeg o'r cywyddau a'r awdlau yn gerddi moliant, ond gellir ychwanegu tair cerdd arall at y nifer hwn, sef ei foliant i ardal—dau blwyf Mawddwy—a'i thrigolion, ei englynion i Ruffudd Dwnn a'i gartref, a'i gywydd i Sini o Gaerfyrddin.[27] I *genre* y canu serch y perthyn yr olaf yn ei hanfod. Disgrifir pryd a gwedd y feinwen a'r nychdod a bair i'r bardd sydd mewn cariad â hi—dwy thema lywodraethol yng nghanu serch y cyfnod, fel y tystia cywyddau Lewys Môn.[28] Er bod Mathau yn honni ei fod yntau yn dirywio yn gorfforol—*Dy ddwy ael fain ... / Dy olwg a'm dielwodd*[29]—ni ddilynodd y trywydd hwn yng ngweddill y gerdd. Yn hytrach, dewisodd ganmol y gwrthrych dan sylw, ac annog eraill i wneuthur yr un modd:

> Pob rhyw fardd pybyr ei fin ...
> Am un wen er fy mwyn i
> Na sonied ond am Sini.[30]

At hyn, enwa'r ferch a'i chynefin, ac felly nid amhriodol cynnwys y cywydd ymhlith cerddi moliant y bardd.

Perthyn y cerddi sy'n weddill i brif ffrwd y traddodiad mawl. Canodd Mathau dair marwnad a phedwar cywydd gofyn. Erchir march ar ddau achlysur, ac ar ddau achlysur arall deisyf y bardd gyfeillgarwch a chymod dau o'i noddwyr yn dilyn rhyw anghaffael na fanylir yn ei gylch.

Er i Mathau gyfarch dau aelod o'r un teulu—tad a mab (Syr Wiliam Gruffudd o'r Penrhyn ac Edward Gruffudd), a dau frawd (Siôn Pilstwn Caernarfon a Siôn Pilstwn Tir Môn)—un gerdd yn unig a ganodd i bob noddwr ac eithrio Gruffudd Dwnn, gwrthrych y gyfres englynion a'r dryll cywydd. Ond ensynia Mathau iddo ganu i Rolant Gruffudd, gwrthrych un o'i gywyddau cymod, ar achlysur blaenorol:

> Gyda'r eiddod, goed rh*w*ydd*i*ach,
> 'Rwyf a'm pwys er yn fab bach,
> A'm bryd nad awn, llawn wellhau,
> Ychwaith ond gyda chwithau
> Mwy nag yr aeth, gwiwfaeth gôr,
> Dafydd o windai Ifor.[31]

---

[26] Dau gwpled o gerdd 21 a ddiogelwyd. Diolchaf i'r Athro Dafydd Johnston am alw fy sylw atynt.

[27] Cerddi 15, 18, 19.

[28] GLM cerddi XCII–XCVII.

[29] 19.13–14.

[30] 19.55, 59–60.

Er nad yw cyfanswm y cerddi yn fawr, gwelir iddo annerch unigolion o bob rhan o Gymru, a dyma yn ddiau brif hynodrwydd y canu. Ymwelodd â Môn, Arfon, Meirion, sir Ddinbych, sir y Fflint, y Gororau, Ceredigion a sir Gaerfyrddin. Yn hyn o beth yr oedd yn wahanol iawn i'w gyfoeswyr enwog, Lewys Môn a Thudur Aled. Er i Lewys ganu i noddwyr Gwynedd Uwch Conwy, câi ei ddenu hefyd tua'r dwyrain i gyfeiriad Penllyn a Dyffryn Clwyd, Maelor a Swydd y Waun.[32] Tair cerdd yn unig o'i waith sydd ar glawr i noddwyr yn y De, fodd bynnag,[33] ac er mai yng Nghwrt y Brodyr yng Nghaerfyrddin y diweddodd Tudur Aled ei ddyddiau,[34] pum gŵr o'r De a gyfarchodd yntau, a hanai un o'r pump, sef Edward Llwyd, archiagon Caerfyrddin, o Ddyffryn Clwyd.[35] Yn anfynych iawn y mentrai Tudur o'i gynefin, a dangosodd Eurys Rowlands iddo ganu y rhan fwyaf o'i gerddi i noddwyr a drigai o fewn cylch o bum milltir ar hugain o Lansannan.[36]

Tystia Mathau Brwmffild iddo fod yn clera er pan oedd yn ŵr ifanc:

> Er yn flwydd fy swydd yw sôn,
> Clera a hela haelion.[37]

Awgryma mai teithio oedd nod amgen galwedigaeth y prydydd:

> Rhaid yw i'r beirdd rhodio'r byd.
> Cof a rydd cyfarwyddyd,[38]

ac anodd peidio ag ymglywed â chaledi'r clerwr teithiol wrth ddarllen llinellau agoriadol y cywydd i ddau blwyf Mawddwy:

> Rhoed ym boen, rhaid ym benyd,
> Rhodio o bell 'r hyd y byd.
> Mi a gerddais, drais drysor,
> Oedd o fan rhwng y ddau fôr

---

[31] 2.27–32. Ailadroddir y llau. hyn yn yr ail gywydd cymod i'r Doctor Elis Prys o Blasiolyn, gw. 9.31–6. Cf. y cwpled hwn o waith Lewys Môn, gw. GLM XXXIX.25–6 *dy ddilid, ydoedd elwach, / a fu hap ym yn fab bach.*

[32] Bardd tebyg ar lawer ystyr oedd Lewys Daron, gw. GLD xi–xvii. O Aberdaron yr hanai, fel yr awgryma ei enw. Canodd yn fwyaf arbennig i noddwyr siroedd Caernarfon, Môn a Meirion, ond ymwelodd yntau â chartrefi yn Nyffryn Clwyd a'r cyffiniau.

[33] Gw. GLM xvi. Canodd gywyddau moliant i Syr Wiliam Herbert o Golbrwg ac i Syr Rhys ap Tomas, a chywydd marwnad i Gatrin, merch Morgan o Radyr (a nain Siân Stradling, gwraig Syr Wiliam Gruffudd o'r Penrhyn, ei noddwr pwysicaf).

[34] CLC² 733.

[35] Canodd Raff ap Robert farwnad iddo, gw. cerdd 5 yn yr adran ar Raff ap Robert yn A. Cynfael Lake, 'Pedwar o Farwnadwyr Tudur Aled' (Ph.D. Cymru [Aberystwyth], 1994).

[36] Eurys Rowlands, 'Tudur Aled', GWL ii, 324. Tybid mai gŵr o Lansannan oedd Tudur Aled, ond dangosodd Cledwyn Fychan mai gŵr o Iâl ydoedd, a bod cartrefi y rhan fwyaf o'i noddwyr i'r dwyrain o Afon Clwyd, gw. 'Tudur Aled: Ailystyried ei gynefin', Cylchg LlGC xxiii (1983–8), 66.

[37] 3.5–6. Datblygir y syniad yn y cywydd i Risiart ap Rhys o Ogerddan, gw. cerdd 14, lle y cyffelybir gweithgarwch y bardd i helgi yn olrhain hydd.

[38] 4.1–2.

A phob llwybr dan yr wybren,
A mynd fal hynt Mawndfil hen
I edrych, irwych arael,
Am le teg ac am wlad hael.[39]

Nid rhyfedd iddo ddeisyf march at ei wasanaeth ei hun, a honni yr un pryd:

'Y nhraed, oedd yn rhaid uddun,
A flinai'n hawdd o flaen hyn.[40]

Myn ymhellach mai gŵr a gludai fawl ei noddwyr i bob rhan o'r wlad oedd y prydydd. Fe'i geilw ei hun yn *clud fardd* yn y cywydd i Sini o Gaerfyrddin, a dywed am ei weithgarwch barddol yn ei gywydd i ddeublwyf Mawddwy, *Cludem i hwn clod ymhell.*[41]

Diau mai yn ystod taith glera i'r De y bu farw'r bardd. Fe'i claddwyd, fel y nodwyd, yng Nghaerfyrddin. Merch o'r dref honno oedd Sini, gwrthrych cerdd 19, a thrigai Rhys Rhyd, gwrthrych cerdd 17, yn Llan-gain, yn ei gartref, y Castell Moel, a leolid ar godiad tir islaw tref Caerfyrddin ac ar lan orllewinol Afon Tywi. Un o noddwyr amlycaf y rhan hon o sir Gaerfyrddin oedd Gruffudd Dwnn. Gwyddys i Fathau Brwmffild ymweld â'i gartref yntau, a hynny, efallai, ar fwy nag un achlysur, a lluniodd bum englyn i foliannu *Llys rydd..'r holl feirddion* ynghyd â chywydd y diogelwyd ei ddau gwpled agoriadol yn llaw Gruffudd Dwnn ei hun.[42]

Anodd esbonio cwmpas daearyddol canu Mathau. Gwyddys bod llawer o weithiau'r beirdd a ganai rhwng 1350 a 1550 wedi eu colli, ac y gall fod y darlun sy'n ymgynnig i ni heddiw, o'r herwydd, yn gamarweiniol. Wedi dweud hyn, nid oes amheuaeth nad oedd gan bob bardd ei gylch clera personol, a bod rhai beirdd yn dewis teithio'n helaeth tra bod eraill yn dewis canu yn eu cynefin. Nid oedd prinder noddwyr yn y Gogledd-ddwyrain yn chwarter cyntaf yr unfed ganrif ar bymtheg, fel y prawf canu Tudur Aled a Lewys Môn, a beirdd eraill llai adnabyddus megis Huw ap Dafydd a Siôn ap Hywel. Gallai Wiliam Cynwal, yn ail hanner y ganrif, gyfyngu ei gylch clera i Wynedd a Phowys,[43] tra ymwelai ei gyfoeswr, Siôn Mawddwy, â phob un o siroedd Cymru ac eithrio Maesyfed.[44]

---

[39] 15.1–8.

[40] 11.57–8. Cyfeiria at ei draed, sef ei gyfrwng teithio arferol, ar ddau achlysur arall. Pwysleisir atyniad cartref Rhys Rhyd yn y Castell Moel, *Elwy' lle fynnwy' finnau, / Di-ddwl ydyw'r meddwl mau. / Deellwch nod ewyllys: / Nid â traed onid at Rys* (17.23–6) a dull y bardd o ganmol croeso Mawddwy yw honni *Nid rhaid i mi un troed mwy* (15.12).

[41] 15.18. Geilw Mathau sylw hefyd at weithgarwch proffwydol y prydydd, *Trwy braff wawd tro-i i broffwydo: / Tudur fab, tid aur a fo … / Dy ryw arall da'r owran, / Dewinais glod doi'n was glân* (11.5–6, 13–14); *Dewinfardd wyf diwanfael / I fawrhau ail Ifor Hael* (20.57–8).

[42] Cerddi 18 a 21. Ond ni chanodd, hyd y gwyddys, i Syr Rhys ap Tomas, un o noddwyr pwysicaf Tudur Aled, a gŵr a fu farw yn 1525. Dyma awgrym anuniongyrchol mai yn ail hanner y dauddegau y dechreuodd brydyddu.

[43] Er bod achau rhai o deuluoedd y De yn ei law, teuluoedd y Gogledd sydd amlycaf o bell ffordd yn ei lyfrau achau. Yr oedd Cynwal yn ŵr tiriog, a diau na ddymunai deithio yn bell o'i

Serch hynny, ni ddylid diystyru'r hinsawdd cymdeithasol. Tybed a oedd difrawder y boneddigion yn dechrau dod i'r amlwg yn ail chwarter y ganrif, ac mai hyn a gymhellodd Mathau i geisio porfeydd brasach ymhell o dir ei febyd? Dyma gŵyn y bardd ar ddechrau ei gywydd i Siôn Pilstwn, cwnstabl Caernarfon:

> Beirdd ydym yn brau ddoedyd,
> 'Ble'dd awn yr ŵyl blwyddyn ddrud?'[45]

Mynega ei anniddigrwydd hefyd wrth annerch Syr Wiliam Gruffudd o'r Penrhyn:

> Pam oedd ddal pei meddyliwn?
> Pa fyd anhyfryd yw hwn?
> Eisiau haelion is helynt
> O radd gwŷr ar a oedd gynt.[46]

Ac efallai fod a wnelo rheoliadau'r beirdd eu hunain â symudiadau'r bardd. Fel y gwyddys, gwnaed ymgais yn yr eisteddfod a gynhaliwyd yn nhref Caerwys yn 1523 i osod y gyfundrefn farddol ar seiliau cadarn. Yn 'Statud Gruffudd ap Cynan', fel yr adwaenir hi, diffiniwyd y cwrs gradd a'r hyn y dylai pob disgybl ei feistroli, amlinellwyd y berthynas rhwng athro a'i ddisgybl, a deddfwyd y dylai'r prydyddion o bob gradd ymwrthod ag arferion megis chwarae cardiau a meddwi a hel merched. Ond rhoddwyd sylw yn ogystal i agweddau ar y gyfundrefn nawdd. Ceisiwyd rheoleiddio ymweliadau'r beirdd trwy ddiffinio cyfnodau'r cwrs clera, a thrwy fynnu *nad el ond vn gwr wrth gerdh at wr dan dhecpynt o rent, dav at wr o vgeint pynt o bhywyd, tri at wr o dhecpynt ar hvgaint o bhywyd. Ac wrth y radh honno at a bho vwch ar bob vn o'r tair gwyl arbennic.*[47] Tybed a fu i'r rheoliadau hyn gyfyngu ar y cyfleoedd a oedd yn agored i fardd symol fel Mathau Brwmffild yn ei gynefin—bro a oedd yn enwog ar gyfrif ei thraddodiad barddol—ac iddo ddewis teithio i ardaloedd lle nad oedd cynifer o feirdd i ddiddanu'r boneddigion?

Rhestrir y taliadau a dderbyniai'r beirdd yn y statud. Derbyniai'r pencerdd 40 ceiniog am ei gân yn ystod y tair gŵyl arbennig, ond câi'r disgybl ysbâs graddol lai na hanner hynny, sef 18 ceiniog, ac yn ystod y cwrs clera, traean tâl y pencerdd a dderbyniai'r cyw fardd.[48] Os perthynai

---

gynefin. Eto, yr oedd, chwedl Enid Roberts, yn 'un o'r rhai mwyaf toreithiog eu hawen ymhlith Beirdd yr Uchelwyr', gw. *id.*, 'Wiliam Cynwal', TCHSDd xii (1963), 51–85; Rhiannon Williams, 'Wiliam Cynwal', LlCy viii (1964–5), 197–213. Canodd tua 50 o awdlau, 300 o gywyddau a llu mawr o englynion.

[44] Gw. J. Dyfrig Davies, 'Astudiaeth destunol o waith Siôn Mawddwy' (M.A. Cymru [Aberystwyth], 1965), xxxviii–xliii, lle y dangosir iddo ganu yn weddol gyfartal yn y De a'r Gogledd; *id.*, 'Siôn Mawddwy', LlCy viii (1964–5), 214–30; CLC² 672.

[45] 6.1–2.

[46] 4.5–8. Ailadroddir y llau. mewn cywydd arall i noddwr gwahanol, gw. 14.1–4.

[47] Thomas Parry, 'Statud Gruffudd ap Cynan', B v (1929–31), 31.

[48] Câi'r pencerdd 24 ceiniog a'r disgybl ysbâs 8 ceiniog.

Mathau i'r dosbarth olaf, gallai hynny drachefn esbonio'r rheidrwydd a fyddai arno i geisio cynhaliaeth trwy fynd ar ofyn noddwyr yn ei filltir sgwâr ac ymhellach i ffwrdd.[49]

Y mae un ystyriaeth arall y tâl ei chrybwyll. Bardd o Lŷn oedd Wiliam Llŷn, ond ymddengys iddo gael ei hyfforddi yn gynnar yn ei yrfa gan Ruffudd Dwnn o Gydweli, ac iddo ef y canodd y gerdd gyntaf o'i waith y mae'n bosibl ei ddyddio'n ddiamwys. Maes o law, daeth Wiliam dan adain Gruffudd Hiraethog, ac erbyn 1569, ddeuddeng mlynedd wedi iddo gyfarch Dwnn, cartrefai yng Nghroesoswallt.[50] Tybed a ddenid cywion beirdd o bob rhanbarth o Gymru i Ystradmerthyr at Ruffudd Dwnn, a Mathau Brwmffild yn eu plith? Gallai hyn gyfrif am gyswllt Mathau â sir Gaer-fyrddin a'i ganu i Dwnn—geilw Mathau ef yn *feistr y mawl*[51]—ac i noddwyr eraill a drigai nid nepell o'i gartref. Diddorol gweld bod cyswllt priodasol clòs rhwng teulu Ystradmerthyr a theulu'r Castell Moel.[52] Mam Gruffudd Dwnn oedd Sioned, merch Lewys ap Tomas ap Wiliam ap Tomas Rhyd, ac yr oedd modryb Gruffudd Dwnn, chwaer ei dad, yn briod ag aelod o'r un tylwyth.[53] O chwilio'r achau, gwelir bod Elin, nain Tomas ap Morgan Gwyn o Gil-y-cwm,[54] yn chwaer yng nghyfraith i Mawd, chwaer taid Gruffudd Dwnn, a diau y gwyddai'r olaf am y cyswllt hwnnw drachefn.[55]

*****

Yn unol â'r disgwyl, y gynghanedd groes sydd amlycaf yng nghanu Mathau Brwmffild. Hon sydd i'w chanfod yn 70 y cant o linellau'r ddau gywydd ar bymtheg a ddiogelwyd, er bod 63 o blith y 691 llinell ac ynddynt gynghan-edd groes yn cynnwys llinellau ac ynddynt gytseiniaid canolgoll, sef *n*, *r*, *m*, *f*. Y gynghanedd sain yw'r nesaf o ran ei mynychder. Gwelir hon yn 18 y cant o'r llinellau, a'r gynghanedd draws yn 10 y cant o'r llinellau. Yn achos yr olaf, llinellau ac un gytsain neu ddwy ar ddechrau ail ran y llinell heb ddim yn eu hateb yn y rhan gyntaf a luniai'r bardd fel arfer. Nid oes llawer o gynganeddion traws gyferbyn a thraws fantach i'w gweld yn y cywyddau.Yn anfynych iawn y câi'r bardd achlysur i lunio llinellau llusg. Wyth llinell yn unig o blith 985 sy'n perthyn i'r pedwerydd dosbarth, ac mewn pum cywydd yn unig y gwelir y gynghanedd hon. Golyga hynny fod

[49] Rhestrir enwau'r beirdd a raddiodd yn ail eisteddfod Caerwys yn D.J. Bowen, 'Graddedigion Eisteddfodau Caerwys 1523 a 1567/8', LlCy ii (1952–3), 129–34. Collwyd enwau'r beirdd a raddiodd yn yr eisteddfod gyntaf, ond diogelwyd enwau'r cerddorion.

[50] GWLl xv–xx.

[51] 21.3.

[52] Gw. cerdd 17 i Rys Rhyd o'r Castell Moel.

[53] WG2 1193 (Ystradmerthyr); WG2 1461–3 (Y Castell Moel). Nid dyma'r unig achlysuron pan gysylltwyd y ddau deulu trwy briodas. Priododd Marged Dwnn, hithau, â Thomas ap Wiliam ap Tomas Rhyd. Yr oedd hi yn chwaer i daid Gruffudd Dwnn.

[54] Canodd Mathau awdl farwnad iddo, gw. cerdd 16.

[55] Gw. WG1 405; WG2 730 o dan 'Elystan Glodrydd' 52.

deuddeg cywydd na cheir ynddynt un llinell o gynghanedd lusg. Yn anfynych hefyd y lluniai Mathau linellau croes o gyswllt. Naw llinell a welwyd ymhlith y 691 llinell o gynghanedd groes, ac un enghraifft o gynghanedd groes o gyswllt ewinog yn eu plith. Yn yr un modd, prin yw'r llinellau o gynghanedd sain nad ydynt yn cynnwys sain leddf; gwelwyd dwy sain gadwynog ac un sain drosgl.

nifer llinellau 985[56]

croes	691	70.1 y cant
traws	105	10.7 y cant
sain	181	18.4 y cant
llusg	8	.8 y cant

Gwelwyd bod y rhan fwyaf o'r cywyddau unigol yn gyson â'r dosbarthiad cynganeddol a nodwyd uchod, ac y mae'r groes yn cyfrif am o leiaf 60 y cant o linellau deuddeg o blith y ddau gywydd ar bymtheg. Ni pherthyn hynodrwydd i'r cerddi unigol o ran eu cynganeddiad, ac eithrio'r cywydd i ddau blwyf Mawddwy. Hwn sy'n cynnwys y nifer lleiaf o gynganeddion croes (56 y cant), a'r nifer mwyaf o gynganeddion sain (31 y cant). Ac y mae tair o blith yr wyth llinell lusg sy'n digwydd yn y canu i'w canfod yn y cywydd hwn, h.y. 37 y cant o holl gynganeddion llusg y bardd. Cerdd a luniwyd i fawrygu'r gymuned yn ei chyfanrwydd yw hon, megis cynifer o'r cerddi i drefi a rhanbarthau Cymru. Molir

Gwŷr, gwragedd, hwylwedd heulwen,
Meibion, morynion, Mair wen (15.21–2)

ynghyd â'u plant, a gellid tybio i'r bardd wneud defnydd helaeth o'r cynganeddion odledig wrth iddo lunio cywydd y buasid yn ei ddatgan yn gyhoeddus gerbron cynulleidfa gymysg.

Canodd Mathau ddau gywydd i erchi march. Anerchir Rhydderch ap Dafydd o Fyfyrian yn y naill a Thudur ap Robert, tad Catrin o Ferain, 'Mam Cymru', yn y llall.[57] Y mae'r ddau hyn yn dra gwahanol o ran eu cyfansoddiad cynganeddol. Cynnwys y cywydd i Dudur ap Robert y cyfartaledd uchaf o gynganeddion croes yn holl ganu'r bardd, sef 87 y cant, ond 58 y cant o linellau'r cywydd i Rydderch sy'n cynnwys y gynghanedd hon, a dyma'r cyfartaledd isaf, ac eithrio'r cywydd i ddau blwyf Mawddwy y cyfeiriwyd ato uchod.

Trewir yn achlysurol ar y goddefiadau cyfarwydd, megis camosodiad, caled a meddal, crych a llyfn, a thwyll gynghanedd. Tystia'r rhain mai wrth

---

[56] Collwyd rhannau o'r unig destun sy'n cynnwys cerdd 8. Cynnwys y cywydd 58 ll., ond 45 ll. a ddosbarthwyd wrth ddadansoddi'r cynganeddion. Ni ddadansoddwyd y gynghanedd yn y tair awdl a'r gyfres englynion.

[57] Cerddi 3 ac 11.

y glust y cyfansoddai'r bardd, ac y mae'r llinellau, er eu bod yn wallus ar dir technegol, eto yn boddhau un o'r synhwyrau. Fel hyn y disgrifiodd John Morris-Jones y bai twyll gynghanedd: 'cytsain yn un pen i'r gyfatebiaeth heb yr unrhyw i'w hateb yn y llall'.[58] Gwelwyd enghreifftiau yn y canu megis:

> Llid gan faich llydan a fu (2.39) twyll *g*
> Chwyrnbwyll o chlyw haearnbig (3.52) twyll *l*
> Twf uchelfodd, eich haelfam (6.36) twyll *t*

Digwydd y llinell gyntaf mewn cywydd arall. Y tro hwn *Llid yn faich llydan a fu* (9.43) yw'r darlleniad, a rhaid derbyn y gall fod llawer o'r gwallau cynganeddol yn ffrwyth camgopïo. Y cytseiniaid sy'n digwydd o dan yr acen a glywir gliriaf, a chan fod tair yn y safle hon yn achos yr ail linell, sef *rnb*, nid yw'r *l* a gollir mor amlwg. Yn achos y drydedd linell, digwydd mewn cyfres o bedair sy'n dechrau â'r cymeriad *t*, ac y mae'r rheini yn dilyn cyfres o bedair llinell ar y cymeriad *g*. Ar un ystyr y mae'r addurn a enillwyd yn tynnu sylw oddi wrth y gwall, onid yn ei esgusodi.

Â John Morris-Jones rhagddo i esbonio bod y bai twyll cynghanedd i'w ganfod fynychaf mewn llinellau 'lle twyller y glust, ac fe ddigwydd hynny fynychaf lle bo'r un gytsain yn rhywle arall yn y gyfres, o flaen neu ar ol y gytsain goll'.[59] Gwelir hynny yn amlwg yn y llinellau o waith Mathau sy'n cynnwys y bai hwn, er enghraifft:

> Dyn diwael gorff yn dal gwg (2.16) d.n.d = n.d
> Dôi'm erwin oer drwy 'mron i (2.61) d.m.r = d.r.m.r
> Gorau gŵr, mab, gwraig a merch (15.58) g.r.g.r = g.r.g

Gwedd arall yn ddiau ar y bai hwn yw ateb un gytsain ag un arall sy'n debyg o ran ei sain. Gwelwyd pum enghraifft yn y canu o *n* yn ateb *m*:

> Cnap asgwrn rhŷwr, cwymp esgud (3.35)
> Gwyn 'y myd (o g*w*na) yn ei ôl (12.31)
> Gwilym Gwyn galwen' y gŵr (13.13)
> Yn boen difas am bendefig (16.82)
> Na sonied ond am Sini (19.60).

Prin yw'r benthyciadau o'r Saesneg yn y cerddi, a phan ddeuir ar eu traws, gwelir eu bod yn cael eu harfer yn gyffredin yng nghanu beirdd y cyfnod.[60] Brithir y cerddi, fodd bynnag, â ffurfiau llafar, a digwydd y rhain yn fynych naill ai yn safle'r brifodl:

> Tebyg, ail tebygolieth,
> At air a phwnc y tri pheth. (4.21–2)

---

[58] J. Morris-Jones: CD 299.

[59] *Ib.*

[60] Er enghraifft *clipsi* (1.14), *cwmpario* (7.88), *pasio* (5.4), *power* (4.76). Yr un gair na cheir enghraifft ohono yng nghanu'r Cywyddwyr, a barnu wrth GPC 2978, yw *recyfro* (9.16).

> Llin Derwas, llawn awdureth,
> Ydwyt ti, Siôn, hyd at Seth. (20.13–14)

neu yn safle'r odl mewn cynghanedd sain:

> A'th haeled, a lloned [= *llonaid*] llaw (4.69)
> Elsbeth ddiwenieth uniawn (12.40)
> Mor wen dan lien o lawnt (19.38)

Bydd *w* yn ansillafog mewn geiriau fel *bwrw, carw, enw, galw*, ond pan fydd galw am eiriau deusill, bydd *w* yn llafarog. A phan fydd hyd y llinellau yn galw am hynny, bydd geiriau sy'n cynnwys sillafau cadarnleddf megis *aml, brwydr, dwbl, meistr*, hwythau, yn ddeusill. Gwelir y ffurfiau *tylawd, tylodion, tylodach* mewn sawl cywydd. Collir y gytsain *f* yn gyson ar ddiwedd geiriau er sicrhau cynghanedd ac odl. Sylwer, er enghraifft, ar y brifodl yn yr englyn hwn:

> *Ym* Maelordir ceffir coffa—pur iawn;
> Pa ryw un sy benna'
> Mal y r*h*oed milwr Euda',
> Milwr dad, aml air da? (7.25–8)

Ar dro, bydd y terfyniad *-en* yn cynrychioli person cyntaf lluosog yr amser amherffaith. Digwydd yn safle'r brifodl yn y cwpled a ganlyn:

> Ai niwl megis na welen?
> Ai hud yw'r byd hyd ar ben? (1.9–10)

Gall mai'r terfyniad amherffaith *-en*(*t*) sydd yma, ond geilw'r synnwyr am y person cyntaf lluosog. Digwydd hyn ar achlysuron eraill, a dyma wedd arall ar gymeriad llafar y farddoniaeth, a gwedd hefyd ar y dirywiad yn safon canu'r beirdd a ddaeth yn amlycach wrth i'r ganrif fynd rhagddi.

Yr awdl i Edward Gruffudd o'r Penrhyn yw'r fwyaf confensiynol o'r tair a luniodd Mathau Brwmffild. Defnyddiodd y bardd ddau fesur yn yr ail ran, sef hir a thoddaid a gwawdodyn. Y mae i'r ddau fesur hyn le amlwg yn yr awdl i Siôn Pilstwn Tir Môn. Y tro hwn, fodd bynnag, lleolir y toddaid ar ddechrau nifer o'r penillion. Gwelir dwy nodwedd anghyffredin yn yr awdl i Domas ap Morgan Gwyn, sef yn gyntaf, pennill sy'n cyfuno cyhydedd a dau ddoddaid, ac yn ail, pennill ar fesur y rhupunt lle y cynganeddir dwy ran gyntaf y ddau gwpled yn hytrach na'u hodli. Anodd osgoi'r casgliad mai cyfrwng hyblyg oedd yr awdl yn hanner cyntaf yr unfed ganrif ar bymtheg, a gwelir cryn amrywio pan eir ati i ddadansoddi'r cyfrwng. Amlygwyd hyn yn awdlau Siôn Ceri o'r canolbarth a Siôn ap Hywel o sir y Fflint, ac fe'i hamlygir drachefn yn y tair awdl o waith Mathau Brwmffild. Diau fod rhai testunau wedi eu llygru gyda threigl amser. Buasai rheoleiddddra a byrdra mesur y cywydd yn hwyluso'r trosglwyddo, boed hynny ar lafar neu yn ysgrifenedig. Defnyddiai'r beirdd amlder o fesurau yn ail ran eu hawdlau ac ni fuasai'r rhain mor gyfarwydd. A chan fod penillion yr awdlau yn cael eu canu yn unodl, ni welid bwlch, o anghenraid, pe collid llinell unigol neu gwpled. Y mae'r hyblygrwydd hwn yn annisgwyl pan ystyrir y cysondeb rhyfeddol sy'n nodweddu cywyddau'r cyfnod, o ran eu delweddaeth, eu fframwaith a'u hyd, ac o ran eu cyfansoddiad cynganeddol. Er mai ffigwr di-nod yw Mathau Brwmffild o'i gyfosod â Thudur Aled a Lewys Môn, ar lawer ystyr y mae gwaith y clerwr crwydrol o Faelor yn ddrych i gynnyrch prydyddion hanner cyntaf yr unfed ganrif ar bymtheg.

Marwnad Rhys ap Hywel, Bodowyr

Gwae wlad brudd, gweled breuddwyd,
Oll am ei roi'n llam y rhwyd.
Eithr o hwnnw, a thrannoeth,
4   Gwae fi, Duw, mor gyfa' doeth.
Ai Duw a wnaeth duo nen
A lliw obry'r holl wybren?
Ai mwg oedd (yma gwyddir)?
8   Ai tarth a godes o'r tir?
Ai niwl megis na welen?
Ai hud yw'r byd hyd ar ben?
Ai pais dew mewn pwys duoer
12   A gad i'r lleuad a'r lloer?
Ai mynd yn nos wedros wiwdraul?
Ai'r clipsi'n rheoli'r haul?
Ai cwmwl oer lle caem law?
16   Ai nod awyr yn duaw?
Marwolaeth a wnaeth i ni,
A Duw ollnerth, dywyllni.
Duw, dy ras, doe direswm,
20   Buost draw'n chwarae, bwys trwm.

    Nis daw i'r Ynys Dywell
O radd y gŵr a rydd gwell.
O radd yr oedd y gwrdd Rys
24   O waed henieirll at ynys.
Llai dygaf, llew diogan,
Llewyrch pryd Llywarch ap Brân.
Gweiddi 'rhawg am guddio Rhys
28   Y maen', weiniaid Môn ynys,
Ap Hywel, oedd hap i'w wlad;
Maen' ddwyfil yn amddifad.
O Dduw, nid oes ddyn a dau!
32   Am ŵyr Rys y mae'r eisiau.
Ac i Dduw y gweddïwn
I adu Huw wedi hwn

A'i blant oll o'r blaned da,
36   A'i goeth rywiogddoeth wreigdda,
Ales, heb wres yn ei bron,
Drwy'r golwg dŵr o'r galon.

Mae'n wannach ym Môn ynys
40   Gwledd yrhawg am gladdu Rhys.
Os y bâl a'n ysbeiliodd,
Eisiau un Rhys, is yw'n rhodd.
O ddwyn Rhys, oedd anrasol,
44   Mair, beth a wnair byth yn ôl?
Ni wŷl Môn, niwl am ynys,
Mwy fyth yrhawg mo fath Rhys
Ond ei frawd, enaid y fro,
48   Yna sydd,—einioes iddo!—
Gŵr o eigion goreugwaed,
Mredudd, onest hydd, nos daed,
Porthaml lys, parth am wledd,
52   Porthiant, digoniant Gwynedd.

O Fair, o troes yn*n* fâr trwm,
Och am Rys na chaem reswm.
Troes ei farw traws fwriad;
56   Trwm ar ôl un tramwy'r wlad.
Och, weiniaid, trwy achwynion,
Och, dirym ywch dario 'Môn.
Awch a chŵyn i chwech ynys,
60   Uchel y troir achlod, Rhys.
Ys galar yw nas gwelwn.
Mae enaid Rhys mewn y trŵn.
Ni bu heb draul i bawb draw,
64   Naf, *i'w* ddydd. Nefoedd iddaw!

Ffynonellau
A—Llst 123, 175 B—LlGC 3057D [= Mos 161], 237 C—Card 4.110 [= RWM 47], 183 D—BL Add 31071, 134ᵛ E—Card 1.20, 28 F—LlGC 670D, 317

Ymhellach ar y llawysgrifau, gw. tt. 123–6.

Amrywiadau
1 *A* ..wlad gweled.. 2 *CEF* ..ei rhoi llam.., *B* ..yrwyd 3 *B* eithyr hwnw.., *CEF* ..o hynny.. 4 *ABD* ..i doeth 7 *B* ..i gwyddir, *CEF* ..gweiddir 8 *CEF* ..gododd..

12 *F* ..neu r lloer 13 *CEF* ai mynd nos.., *D* a.. 14 *C* ai clipsi.., *E* ar.., *F* ai clip sy n.., *B* ..syyn rwoli.. 15 *B* ..lle i.. 17 *B* myrfolaeth.. 18 *B* ..dywllni 20 *B–F* ..pwys.. 21 *B* ni daw.., *F* ..i ynys.. 23 *B* ac o radd.., *AD* ..ir oedd.., *F* ..y gwrda Rys 24 *BCE* ..hen ierll.., *B* ..ac ynys 25 *CEF* lle dygai.. 26 *BD* ..prydd.. 28 *B* mae yn weiniaid.., *E* ..weinaid.., *F* ..weiniad.. 29 *BCEF* ..y wlad 31 *CE* ..na dau, *F* ..win a dau 33 *B* ..o ddyw.. 34 *BCE* ..ado.. 37 *F* a loes.., *B* ..wres yw bron 39 *B* mae yn wanach mon ynys 41 *BF* ..am.. 42 *AB* ..rodd 44 *F* ..wneir.. 48 *D* yno.., *D* ..einios.. 50 *CEF* ..nos a dydd.. 52 *B* ..egoniant.. 53 *CEF* ..y troes.., *A–F* ..yn far.. 55 *B* tros i farw trais.., *CEF* ..oi farw er trais.. 57 *D* och weniaid.. 58 *AD* ..vwch.. 59 *B* awch achwyn.., *CF* ..a chwech.., *E* ..oi chwech.. 60 *AC–F* ..a chlod.. 62 *B* ..yn y trwn 63 *B* neb heb drayl.., *CEF* ..dro 64 *A–F* na fv ddydd.., *CEF* ..iddo

Gofyn cymod Rolant Gruffudd o'r Plasnewydd

Byw yr ydwy' heb rodiaw;
Bywyd trwm eisiau bod draw:
Brudd*ed* y tymp, breuddwyd dwys,
4   B*r*odir oedd ym baradwys.
Môn ynys, nid man anael,
Menai a'i rhwym, mae yno'r hael.
Ban oedd gwaith, beunydd a ga',
8   Bryd oer wedd, brwydr Adda,
Dilewyd hwn, 'deiliad dwys,
Heb rodio, o baradwys.
Felly un fodd oll yn fau;
12   Parodd f'anap; prudd finnau.
Gweled obry gwlad Ebron,
Galar mawr am glera 'Môn.
Byd hwyrddr*e*m, bywyd hirddrwg,
16   Dyn diwael gorff yn dal gwg.
Câi enw, ac nis câi anael,
Mor alawnt ym Rolant hael
Ap Robart, iawnwart uniawn,
20   O Ruffudd wyd, â'r ffydd iawn.

Cenfigen yn f'absen fu
Athrodwyr, eithr ei wadu.
Coeliwch y gwir, clywch eu gwaith,
24   Câr di wan, carw diweniaith:
Ni ddoedwn air twn i'r tau,
Mawl pennaeth, er mil punnau.
Gyda'r eiddod, goed rh*w*ydd*i*ach,
28   'Rwyf a'm pwys er yn fab bach,
A'm bryd nad awn, llawn wellhau,
Ychwaith ond gyda chwithau
Mwy nag yr aeth, gwiwfaeth gôr,
32   Dafydd o windai Ifor.

O llidiaist, eryr llwydwyn,
Bâr tost oedd y breuddwyd hyn.
Rhodio'r maes, rhydrwm ysig,
36   A baich oedd ym o baech ddig

Cristoffus ac Erclus gynt
O bai swrn o bwys arnynt.
Llid gan faich llydan a fu;
40   Un llwyth ymron fy llethu.
Dyn afiach, tro*i*s dan faich trwm,
Myn y Wirgrog, mi a'n wargrwm.
Nychaf fyth na cha-i, Fathau,
44   Os cyfiawn hyn, ysgafnhau.

Un feistres Annes enwawg,
Eiriol hyn ar wrol hawg,
Gwawr Forus, gwiw arferoedd,
48   Lwyswen iawn, elusen oedd,
A pherwch ym, wiwrym waith,
Gem y dawn, gymod unwaith
Pencenedl, oreuchwedl ran,
52   Cannwyll Gruffudd ap Cynan.

Prydyddais, pura' deuddyn,
Perwch ym heddwch am hyn,
A maddau ym, rym rwymawr,
56   A bwrw'r llwyth bâr i'r llawr.
Dy lid, od wy' dylodach,
Dy gŵyn ym a'm dygai'n iach.
Dy wir fodd od wyf ar fai!
60   Dy heddwch a'm dyhuddai.
Dôi'm erwin oer drwy 'mron i,
Duw, rhy drist dôi *r*hew drosti.
Dy air, Rholant, dewr hylew,
64   Dyddiau rhwydd a doddai'*r* rhew.
Dy gellwair a bair ym barch;
Dy gymod rhag dig amarch!
Dy law i fardd (diwael fu)!
68   Dy ras, er Duw a'r Iesu!

Ffynonellau
A—CM 114, 215 B—CM 312, 182 C—CM 11, 423

Ymhellach ar y llawysgrifau, gw. tt. 123–6.

Amrywiadau
1 *BC* [1–12] 3 *A* brydd oedd.. 4 *A* bodir.. 15 *ABC* byd hwyrddrym.. 16 *A* diwael.. 17 *AB* ..enw nis.. 18 *B* ..ynn.., *A* ..Robert.. 19 *A* ..Robert.. 20 *A* ..or..

24 *A* ..di wennieth 25 *C* ..aur.. 27 *AB* ..goed ryddach, *C* ..goed rhyddach 28 *A* ir wy.. 30 *A* chwaith.. 31 *A* ..gwinfaeth.. 33 *A* + i 35 *AB* rhodiaw maes.. 37 *A* krist offes ag herklys.., *B* crist ossvs ag erchys.., *C* Crist Osus ag Erclus.. 38 *A* a fv.. 39 *BC* [39–40] 41 *ABC* ..troes.. 43 *A* nych fyth na chav fathav, *BC* ..na chae fathav 44 *A* os kyfion.. 45 *A* vn meistres.. 46 *A* eirial.. 49 *A* ..rym rvw waith 52 *A* ..rvffydd ab.. 53 *BC* 65–6 55 *A* ..rymawr 56 *A* ..i llawr 59 *A* ..wy.. 60 *A* ..dyhwddai 61 *BC* [61–4] 62 *A* ..rew.. 64 *A* ..a doddai rhew

i

mawr oedd ddallt nid marw ddim
aed trwy goel y tri gwilim
dyrnod gwn dy air nid gwleth
rhan ifor or hen afiaeth

Erchi march gan Rydderch ap Dafydd o Fyfyrian

Meddylio dan rodio'r wyf,
—A ddowtia neb a ddoetwyf?—
A di-ddwl yw'r meddwl mau
4 Er dwyn gair i'r dyn gorau.
Er yn flwydd fy swydd yw sôn,
Clera a hela haelion.
Ma*u* ogoniant, mwy genny'
8 Ystôr o hael was dewr hy.
Llwyr gariad rhois arnad serch,
Lleon o wreiddion, Rydderch
Mab Ddafydd, mwy'*i* fudd, Ifor,
12 Mae o ras Duw mawr ystôr;
Llin Ifan, Lleon afael,
Llew ir â chorff Llywarch hael;
Dawnus gorff, daionus ged,
16 Diwan afael o 'Dnyfed.

Dy henwi'r wyf, dyn hir iach,
Dan brofi dy hen brifiach,
Dyn a'th gâr, diweniaith go',
20 A'*i* braff wawd i'th broffwydo.
Diaddo'n wir, dydd a nos,
Na fid hir i fyd d'aros.
Tyrch o aerwy, torch eurwydd,
24 A'th orau swydd, i'th war sydd.

Di-ffôl nerth, di-ffael a wnaf
Roi coel ar y wraig haelaf:
Cedwawr hael cyd â'r heulwen,
28 Mawr o sâl wiw Marsli wen.
Lloer Wiliam garllaw'r aelwyd,
Gruffudd ddewr, o'i gorff ydd wyd.
Lloer *Robin*, llew oreubarch,
32 Orchestol, am eiriol march:
Anifail ni *arail* och,
Cnöwr ffrwyngadr, cnu aur, ffroengoch;

36	Cnap asgwrn rhÿwr, cwymp esgud, Cry' eusus draw'n croesi stryd; Cariwrch cadr ffwrch ceidw'r ffordd, Corffol, nis gorug hirffordd; Oes filgi yn ôl rhi rhydd
40	Hir a'i gad â'r egwydydd?

Yr oedd gynt, caid iddynt geirch,
I'r gwŷr arfog weryrfeirch:
Arndel farch rhyfel yn rhaid
44   Trinoedd ag antur enaid.
March Iorus, mawr ei chwarae,
March i Ffwg, merch i'w hoffáu.
Fo roir ym fry ar amod
48   Eu gwell farch pei gallai fod.
Os ar dro, rhyw wylio rhaid,
Oes gadno mor esgudnaid?
Dawnsiwr, ystyriwr, was dig,
52   Chwyrnbwyll o chlyw haearnbig.
Dros fur, nid erys efô,
Nid â'r gwynt ar dir ganto.
O chlywn fod, clod cludfawr,
56   Yn eitha' Fôn neithior fawr,
Dyfod cyn tarfod tyrfa
Deirawr i'r neithiawr a wna'.
Ni allaf, rhodiaf bob rhan,
60   Glywed oll o'm gwlad allan
Gamp, yn fyw, o'r mawrgnyw mau,
Be delid, am bedolau.

Trwy lawenydd traul einioes
64   (O'i gael) i'r rhwyddael a'i rhoes.

Ffynonellau
A—BL Add 14978, 168[r] B—Llst 122, 6 C—BL Add 31071, 129[r]

Ymhellach ar y llawysgrifau, gw. tt. 123–6.

Amrywiadau
1 *B* ..wy 2 *B* ..ddoytwy 7 *ABC* mae.., *AC* ..gynnyf 8 *AC* ..hyf 11 *B* mab
Dafydd.., *AC* ..mwy fydd.., *B* ..mwy fvdd.. 17 *B* 18–17 18 *C* ..brifach 19 *B*
..dewiniaith.., *ABC* ..gof 20 *ABC* ath..broffwydof 21 *ABC* di a ddoi yn wir..
26 *B* rhoi.. 27 *C* oed wawr.. 28 *B* mawr ofal wiw.., *C* ..Marslli i wen 31

ABC ..robert.. 33 *C* anifail i eiriail.., *A* ..eiriail.., *B* ..eiriol.. 35 *C* ..rhown.. 36
A cryf.., *C* ..ustus.. 37 *B* carn iwrch cadar ffwrch.., *C* carwiwrch cadrffwrch..
38 *AC* cernffol.. 42 *AC* i gwyr.., *ABC* ..gwyrhyrfeirch 46 *C* ..mawr oi goffau,
A ..oi hoffav, *B* ..ai hoff av 51 *B* ..ystoriwr.. 52 *A* ..o chlywe.., *C* ..o
chlywan.. 53 *B* ..for.. 55 *B* ..cylod.. 56 *AC/B* yn eithar fon neithier /
neithiar.. 57 *C* ..darfod.., *B* ..tirfa 59 *AC* ..rroddaf.. 60 *C* glywaid.. 61 *A*
..ar.. 64 *ABC* i gael or..

Rhaid yw i'r beirdd rhodio'r byd.
Cof a rydd cyfarwyddyd:
Adnabod gŵr hynod hael,
4   Rhywiog enwog, rhag anael.
Pam oedd ddal pei meddyliwn?
Pa fyd anhyfryd yw hwn?
Eisiau haelion is helynt
8   O radd gwŷr ar a oedd gynt:
Morda', Ifor, iôr arall,
A Nudd, ŵr llywydd, fu'r llall.
Ni wn i fod un yn fyw
12   O'r rhai sydd i'r oes heddiw
Wedi 'nhwy onid un hael
Sy'n treio sôn y triael.
G*edy* ef gwedi Ifor
16   Â'r *h*ael un modd ar lan môr.
Syr Wiliam ddinam ddoniawg,
Cyfryw hwn nis caf yrhawg,
Siambrlen, ail sawden, y sydd,
20   Siason, groyw waywffon, Gruffudd.

Tebyg, ail tebygolieth,
At air a phwnc y tri pheth:
Gair y llew ac eryr llwyd
24   Er pwys gwawd, a'r pysg ydwyd.
Yr eryr ddoe ar ir ddâr,
Barnwn oed brenin adar.
Y llew, brenin arall oedd
28   Lle caid 'nifeiliaid filoedd.
Y pysgod o fawrglod fu,
Penaig oll, penna' gallu.
Y rhygarw aur, rhagor wyd,
32   Dwyn od ar bob dyn ydwyd.

Coffaen drwy iach cyffion draw,
Caem roddi cymar iddaw:

Aur, gwledd Siân, arglwyddes yw,
36 Oreugwraig o rywiogryw.
Deallwn o Bilstwn bod,
Da rywioglwyth, d'oreuglod.
Chwitnai ac Awdlai i gyd
40 Yn tyfu o Went hefyd.
Rhyw Llinwent a'r holl enwau,
Rhaglan frig, rhywioglan frau.
Rhyw Godwin rhywiog ydwyd
44 A glander iach Glyndŵr wyd.

Y glêr a wnaeth, eglur nod,
Mawl ar wŷr mal eryrod,
A doedyd er trymfyd *d*ruth
48 Eu bod, wŷr, mewn byd aruth':
Bwrw cestyll mewn bâr costfawr,
Bwrw tre' a phob lle i'r llawr.
Minnau gana', hoywdda hedd,
52 Gwawr wyneb, y gwirionedd.
Moliant a wnaf i'r milwr,
Mawl ar gerdd, mal y mae'r gŵr.
Pryda' wir, ail P'redur wyd,
56 Milwr od, mal yr ydwyd.
Oes rinwedd, bonedd y byd,
Na dysg iawn nad oes gennyd?
Oes breuder is brodir iach?
60 Is yr haul oes ŵr haelach?
Glain hoywfaeth, glana' hefyd,
Galondid barch, glendid byd.
Rhoi yn addfed, rhinweddfawr,
64 Rhygarw a fedd rhagor fawr.
Dy wlad oedd dylawd iddi
O baid dwy awr hebot ti.
Ni ad Mair hael, nod mawrhau,
68 Na Duw Iesu dy eisiau
A'th haeled, a lloned llaw,
A'th rywioglys i'w threiglaw,
A'th laned i'th haelioni,
72 A thyfed aur i'th fyw di.
Aed rhif y gro i'th ofwy,
I'th feddiant ni haeddant hwy.

Henwa' i gyd hŷn ac iau,
76 Hyn o bower hwn biau.
Ar fil cant megis antur
Caf i'r oes hon cyfryw syr.
Duw a'th geidw, doeth gadarn,
80 Diwedd fo yt Dydd y Farn.

Ffynonellau

A—LlGC 3050D [= Mos 147], 529   B—Pen 197, 148   C—LlGC Mân Adnau 55B [= Abertawe 1], 277

Ymhellach ar y llawysgrifau, gw. tt. 123–6.

Amrywiadau

3 *A* ydynabod hynod.. 5 *BC* ..o ddal.. 6 *A* ..ynn hwnn 10 *BC* Nudd..yw r llall 12 *A* o rai.., *B* ..yr oes.., *C* ..yn r oes.. 15 *AB* gada.., *C* gadu.. 16 *A* or ael.., *BC* ar ael.. 20 *BC* Samson gref.. 23 *BC* ..ar llew.. 25 *BC* ..ddoe wyr ei ddar 26 *BC* barwn.. 28 *ABC* llei.., *A* ..ynyfeiliaid.. 31 *BC* ..rhagorwyd 32 *BC* dwyn r od..yr wyd 33 *BC* coffawn drwy ach.. 36 *B* orau.. 41 *B* ..henwau 44 *A* o.., *BC* ..ach.. 47 *BC* ..dwedyd.., *ABC* ..trymfyd trvth 48 *A* ..mew byd.. 49 *A* ..cesdyll bar.. 51 *A* ..a ganaf.., *BC* ..ganaf hoywaf.. 52 *BC* ger.. 54 *AB* ..fal.., *C* ..mae mal ir gwr 55 *BC* [55–6] 57 *BC* 59–60, 57–8 58 *B* ..ond sy.. 60 *BC* iso r haul.. 62 *BC* glendid..galondid.. 66 *BC* o baent hwy awr.. 68 *BC* ..ynn d eisiau 71 *BC* ..oth haelioni 72 *BC* a thafod aur.. 73 *A* [73–4], *C* ..grof.. 75 *BC* ..nag iau 77 *BC* ..onid antur 78 *A* ..cyfry sr, *BC* ..sur 79 *B* ..geidw r.., *C* ..gadwo r..

Awdl foliant i Edward Gruffudd o'r Penrhyn

Pa ungwr yw'n tŵr, oed derwen—braff,
    Ar briffordd Syr Gawen?
    (Parod arial, pryd *U*rien,
4   Pasiodd ef bawb.) Pwy sydd ben?

Unben, aer siambrlen, pen pur,—oedd orau
    O ddewredd ac antur;
    Cael nerthoedd calon Arthur,
8   Croeso, Duw, 'n pen Cristion pur.

Pur enwog fesur am fudd—*i*'m astud,
    Meistr Edward Gruffudd;
    Purwas, dewr guras, gwaywrudd,
12   Prif glod glain nod, galon Nudd.

Calon Nudd a roes budd bell,
    Morda' am roi da fu'r dull,
    Ifor oedd hael, gwiwfael gall,
16   Y gwŷr nid oedd raid eu gwell.

Un y sydd well, ansodd ir,
    Einioes i'w dâl, yn was dewr;
    Myn agwedd iarll, maneg ddur,
20   Mwyfwy o stad mae fy stôr.

*Y*stôr a byw iôr, barwn—*i*'n gwlad,
    Dwyn ei glod nis medrwn;
    Â thair ieithoedd ni thraethwn
24   Dair blynedd fal yr haedd hwn.

Hwn sy lle doedwn, deudu—'r bonedd,
    Aur binacl holl Gymru;
    Dewrfab, anodd ei darfu,
28   Hwn, ac ar fath hengarw fu.

Ni bu'n holl Gymru i gyd
Ac ni bydd—fo a'i rhydd—fawrhad;
Un bower oll o bai raid
32   I neb o'r iaith ni bu 'rioed.

Ni bu 'rioed nac unoed nac iau—na hŷn
      Yn hanner ei gampau;
      Nid gwaeth y mastrolaeth mau
36   Er dwyn gair no'r dyn gorau!

Gorau yw'r iachau o radd
I gael o ryw Gwilym rodd,
Trwtbeg hoywaneg hydd,
40   Ystradling rwyddling aur rhudd.

Rhudd gadwen felen, filwr,—a gaffo,
      A'i goffa fal emprwr;
      Duw *Dad* gwyn, odidog ŵr,
44   A'i rho'n unwedd â'r henwr.

'R henwr a gafodd yr henwart—wythwaith,
      Weithian Mastr Edwart,
      Syr Gowbwrn ddewrddwrn ddurddart,
48   Dyn yw a byw Duw'n ei bart.

Ei bart a fyn Edwart o fewn nodau:
Ei goel a'i addysg, ei wayw a'i gleddau,
A'i weryrfeirch, ei wewyr a'i arfau,
52   A'i wŷr gwrolion a'i aur gwarelau,
A choder baner bennau—ceirw hen
I fwrw Rhonwen yn fyr ei rhannau.

O bu rym mewn Arthur o bu ar y main wyrthiau,
56   Od oes rinwedd lwyswedd ar yr holl lysau,
Byw enwog wrol o bu y naw gorau,
Corf cadr milwr cryfder cymalau,
Od oes glod cwmpod campau—godidog,
60   Mae'n was dewr enwog 'y meistr innau.

Ni bu Gei o Warwig na dydd nac oriau,
Na Ffwg ap Gwaring, na phe byw'r gorau,
Na gair Meirchion gynt, na gŵr march, nac iau,
64   Nac Efrog wrol ar frig ei gaerau,

Ni bydd tra fo dydd na dau—un rymiant,
Duw Iesu yw'r gwarant, dwys ragorau.

Na fydded trinwyllt, yn faedd tarianau,
68   Yn nerthu cymorth i wneuthur camau;
Gwrandawed wiriawn ag iawn gwynau
Fal y bu i'w dad, gariad gorau,
Odidog Edwart fal ei deidiau—gynt,
72   Ac i'r un helynt gyrrwn hwyliau.

Mae'n wir ei gymar, main aur ei gemau,
Mae un Siân hirwen am iawn synhwyrau;
Na bo grwn o Bilstwn heb hau—ar fonedd,
76   Heb dda'n Nwy Wynedd ni byddwn ninnau.

Dyn wy' a ddichon dwyn iddi iachau
O Lyndŵr eisoes, o wiwlan drasau;
Iarll Gilmin, Hwfa lin, Godwin, Awdlai,
80   Eglur Syr Tudur sy o ryw teidiau;
Arglwydd Northwmbrland eurglau—'n Ingloned
Er profi uched yw'r prif iachau.

Eurgledd iach atun Arglwydd Chwitnai,
84   Ffrwyth ysto' iawnlwyth o ryw Stanlai;
Gwaed Llywarch o'i nen, ben gwybodau,
Ac Ystraens, arglwydd hylwydd hwyliau;
Rhaglan, gwaed Fychan gwedi iachau—byd
88   Fu'r trillu diwyd trwy'r holl deau.

Ni bu Sibli Ddoeth a'i holl gyfoethau
Nac Elen o Droea a'i glân fodrwyau;
O lun ni thyciodd Olwen na Thegau,
92   Ni wn fyw Esyllt yn un foesau;
Nid oes, myn f'einioes, ni fynnai—Dduw Dad,
Fyw'r un a wyddiad fwy o rinweddau.

Ys da ddyweddi a roes Duw ar ddyddiau,
96   Ys da gyfathrach i ddwyn iachau.
Cynhalian', tynnan' fal cyd-dannau,
Duw, weilchion unair; diolchwn ninnau;
Cytundeb er neb, wynebau—grasawl,
100   Gras Duw ragorawl, grest aur i'w gwarrau.

Archaf, Dduw enwog, oruchaf ddoniau,
Mair a'i gweryddon (mawr yw eu graddau),
Mihangel, Gabrel, Uriel a'i eiriau
104   A'r holl saint eisoes a'r holl santesau:
Dwyoes a gaffon' heb un diau—byr;
Fal cywion eryr y cân' oriau.

Oriau, hir ddyddiau, ddiweddwr—glandaith,
108   I'w galondid, milwr;
Iesu a'i gwnêl yn oeswr
A'i roi'n iawn am yr hen ŵr.

Pa ungwr yw'n twr, oed derwen, &c.

Ffynonellau
A—BL Add 14978, 97ᵛ   B—Llst 123, 574   C—BL Add 31071, 137ʳ

Ymhellach ar y llawysgrifau, gw. tt. 123–6.

Amrywiadau
3 *A* ..irien, *BC* ..irwen 4 *AB* ..sy.. 6 *BC* ..ddiwredd.. 8 *BC* croesa.., *C* ..duw r
pen.. 9 *A* ..amastyd, *B* ..ar fydd om astud, *C* ..ar fydd oedd orau 11 *A*
..dewr gorav.. 12 *A* priff glod.. 14 *ABC* mordaf..daf.. 18 *ABC* ..yw.. 19 *A*
..myneg.. 20 *A* mwy o stad.. 21 *ABC* stor.., *A* ..barwn n gwlad, *BC* ..ein
gwlad 23 *C* ..iethoedd.. 24 *A* ..hedd.. 25 *AB* ..llei.., *C* ..o doedwn.., *A*
..devdy y bonedd, *BC* ..o devdv r bonedd 28 *A* ..hegarw.. 33 *A* ..na vn oed..
35 *C* ..meistrolaeth.. 36 *ABC* ..nar.. 39 *BC* Trowtpeg.. 40 *A* stradling..rydd,
BC ..rvdd 41 *ABC* Rydd.. 43 *ABC* dvw dvw gwyn.. 44 *A* ai ro vn wedd.., *B*
ai ro n.. 45 *BC* ..a ddygodd.., *ABC* ..yr hinwart.. 46 *BC* ..meistr.. 47 *BC*
..Gowlbwrn.. 50 *BC* i wiw goel addysc.. 51 *A/BC* ai / i wir weryrveirch.., *C*
..ei arfau 52 *A* ai wir gwrylon..gwrelav, *BC* ei..ai wir gwrylav 53 *BC* a
chadw.. 54 *A* ..ron wen.., *ABC* ..ranav 55 *AB* ..wrthav, *C* ..wrthiau 56 *BC* o
bv.., *C* ..am yr holl.., *A* ..llyssav 57 *BC* o bvr enwog wrol o bvr.. 58 *A*
koff..kryffdr.., *BC* corff.. 59 *A* ..klod.., *BC* ..clod er cwympo.., *ABC*
..odidog 60 *B* ..mav 62 *AC* ..ab gwaryng.., *BC* ..ffei byw.. 63 *A* ..merch..
65 *A* ..ddydd.. 66 *BC* dewis yw r.. 67 *BC* ..torianav 68 *A* yn nerthw.., *BC* i
wnethyr cymorth nerthwr camav 69 *BC* ..weinion.. 73 *A* ..maen.., *BC*
..mewn avr a gemav 75 *BC* ..mewn bonedd 77 *A* ..wyf.. 78 *BC* ..i wiwlan..
79 *BC* ..llin Godwin ag awdlav, *A* ..awdlav 80 *BC* ..sy orav teidiav 81 *A*
..evrglav ywngloned, *B* ..i wiwglod, *C* ..i winglod 82 *A* ..ywched..iach, *BC*
..vchod y prif.. 83 *BC* ..Chwitnav 84 *BC* ..ysda..Ystanlav 86 *BC*
..Ystrange.. 87 *ABC* raglans gwaed vychans.. 88 *BC* yw r.. 91 *BC* ..nith
ddigiodd.., *A* ..thygiodd.. 93 *AB* ..ni vynav.., *C* ..im fynav.., *BC* ..dvw tad

94 *C* ..o wyddiad..   97 *BC* cynhalien tynen..   98 *A* ..ieilchiawn.., *BC* ..eilchwaen..   99 *BC* ..grasol   100 *BC* ..ragorol.., *ABC* ..gwrav   101 *BC* ..dvw..doniav   103 *A* nihengel.., *BC* Mihengel Gabriel..   104 *A* ar saint..sanstessav   108 *A* yw londid..   109 *C* ..a gwnel..   110 *ABC* eroi yn iawn..

Moliant Siôn Pilstwn, cwnstabl Caernarfon

Beirdd ydym yn brau ddoedyd,
'Ble'dd awn yr ŵyl blwyddyn ddrud?'
Awn i gyd, enwog odiaeth,
4 O fewn tref ar fin y traeth.
Cyrchant wiw borthiant o bell
Caersallog; mae'r cwrs wellwell:
Malsai o fôr, melys fwyd,
8 Man oll weithian y'n llithiwyd.
Castell yw'n costio llawer,
Caer *o*sai'r glod, croeso'r glêr.

Mae'r gair draw, mawr ragor draul,
12 —Mae Rhodri, ŵr mawr hydraul?—
Parthau'r gaer, porth i'r goron,
Plas dan swydd y Pilstwn Siôn.
Eiste, Ifor, i'w 'stafell;
16 Ysgwïer wyd; oes gair well?
Saith iawngamp saetha' ungair;
Sa' wrth y nod; syr y'th wnair.
Siri yn rhoddi aur rhudd
20 Sy ar fôr *ynn*, sir Feirionnydd;
Cwnstabl wyd, cans da blaid,
Ceiliog eryr, clog euraid;
Sersiant a'th warant i'th ddwrn,
24 Syr Gei eilbarch, Syr Golbwrn.
Mae'r mas aur mawr am ei swydd,
Mae *i* chwi wirglaim i'ch arglwydd.

Eich tad â gair eich taid gynt,
28 Dwys iawn wedd, dau Siôn oeddynt.
Rhoi enw Siôn ar hwn sydd,
Rhoed Duw rediad i'r trydydd.
Glân iawn gorff glain Owain gynt
32 Glyndŵr oedd glander iddynt.
Gwitnai ac Awdlai goedlwyth,
Gwaed o iawn lin Godwin lwyth.

Tyfodd o goed Dafydd Gam,
36 Twf uchelfodd, eich haelfam.
Tŷ'r Fychans at rif iachau,
Teirgwent oll at y grwn tau.
Ar iach Rhydderch yr oedden'
40 A rhwysg, iôr call, Rhys Gryg hen.
Iarll Ystraens, aer llys, dy ran,
Iarll Awdlai, eryr llwydlan.

Tau swyddau, ti sy heddiw,
44 Taro di'r bêl, tor di'r byw.
Dewis rygarw, dos rhagod,
Duw'n rhwydd, gyda dawn y rhod.
Corfau dur, cryf wyd, eryr,
48 Cawr a fyn oll cryfion wŷr;
Gweryrfeirch, gwewyr, arfau,
Gŵr mawr i ddwyn grym o'r ddau.
Gŵr a wnaeth, gwawr wenithaidd,
52 Gŵr aml ryw, grymiol ei wraidd.

Meistres, unbennes bonedd,
Mawr y dêl ynn Morda' wledd,
Gwrdd seren, gwawr ddisiarad,
56 Gaenor, rhoist giniawau rhad,
Lloer Robart, unionwart Nudd,
Llwyn mawr odiaeth, llin Mredudd.
Dy wreiddion di a raddiwyd,
60 Hael y cawn llin Hwlcyn Llwyd.
Iarll Gilmin ar fyddin fu
Er troi atun, ŵr Troetu.
Hil Fwlclai o'ch iachau chwi,
64 Arall, dewrbost, Iarll Derbi.
Coed Llywarch yw'n parch a'n pen,
Cof yt deiroes, caterwen.
Tŷ Ll'welyn am ofyn mawl,
68 Tŷ Ednyfed, tad nefawl.
Gweddïwch saint, gwyddoch, Siôn,
GoreuDduw a'r gweryddon.
Llwyddiant a 'nilla weddi.
72 Llaw Dduw i'ch oes lle'dd ych chwi.

Siôn, wyt ŵr sy naturiawg,
Siôn o'r ddau Siôn, urddas hawg.

Tad enaid wyd, tydi a wnaeth,

76   Tywys, y perchentyaeth.

Teiroes fu i dâl Absalon,

A theiroes yt, a'th ŵyr, Siôn.

Ffynonellau

A—CM 312, 1 B—CM 11, 265 C—J 140 [= RWM 15], 413

Ymhellach ar y llawysgrifau, gw. tt. 123–6.

Amrywiadau

1 *A* ..ddoeddvd 2 *A* ble i ddawn.. 4 *C* i fewn.. 8 *B* ..im llithiwyd, *C* ..ym llithiwyd 10 *AB* caer i sai r glod.., *C* kaer i sair gwlad kroeso ir gler 11 *C* ..traul 13 *C* parth a[ ]r i gayr.. 16 *C* ..os.. 20 *C* sir for wen.., *AB* ..for wen.. 21 *AB* [21–6] 23 *C* siersiant.. 26 *C* mae chwi.. 29 *B* ..y sydd 30 *A* ..tydydd 33 *BC* chwitnai.. 34 *C* gwedu iawn lin.. 35 *A* tyf oedd.. 36 *C* tw..tu ych.. 37 *C* tu r.., *B* ..achau 38 *A* ..gwnn.. 39 *BC* ..ach.., *AB* ..y rrodden 42 *C* ..llydan 46 *A* dowynn rrwydd.., *C* ..dawn rhod 48 *B* ..fyn y cryfion.. 49 *C* gwr mawr i ddwyn gwyr or ddau 50 *C* gwir ar ferch gowir a fau 51 *C* gwn a wnaeth.. 52 *C* ..i ryw grymiol wraidd 54 *C* ..i deil ym.. 56 *C* ..rhost ar gwin yn rhad, *A* ..geiniewav.. 57 *C* ..robert vn iown bert nudd 58 *C* ..odieth.. 62 *B* ..attynt.., *C* ..wyd troedtu 63 *C* hir awklau.., *A* ..fwlchai.., *B* ..fwlchau och achau.. 65 *C* [65–8] 66 *B* co.. 69 *AB* ..son 70 *ABC* ..or gwryddon 71 *AB* ..i nilla.., *C* ..a enill.. 72 *A* ..lle i ddychi, *C* ..lle ddewch chi 74 *AB* ..ar.., *C* ..sion fras yrhawg 75 *B* ..tydi wnaeth 77 *C* ..fo.. 78 *C* ..yt at..

Awdl foliant i Siôn Pilstwn Tir Môn

Pwy yw'r gŵr tra fo dŵr a'r deri—mawr,
    Tra fo'r môr yn llenwi,
    Tra fo'r haul a'*r* rhod yn codi?
4   Pwy sy benrhaith ein iaith ni?

Awn ni â'*n* gweddi i gyd—*o* ogoniant
    Ar gynnal dy iechyd;
    Y Gŵr sy ben gras y byd
8   A'th rôi i fyw wrth hir fywyd.

Bywyd aur, gweryd gwirIon—a geisiwy',
    Fo'i gesyd Duw'n gyfion,
    Penrhaith awduria*e*th dewrion,
12   Plas dan fawd Pilstwn o Fôn.

O Fôn mab i Siôn ddiabsennawg—ŵr,
    Ac ŵyr Siôn Amhadawg;
    Cyfryw hwn nis caf yrhawg
16   O'r to iesin i'r twysawg.

Yrhawg, fy nhrugarawg Ŵr,
    Eurer ei gorff, eryr gwâr;
    Âi gwaeth (er doedyd y gwir);
20   Glân yw dy gorff, glain nod gwŷr.

Glain nod—gair hynod—gŵr a henwir—byth,
    Gobeithio nas dygir,
    Y gŵr sy gau ar y sir,
24   Aml ei air da 'Maelor dir.

Ym Maelordir ceffir coffa—pur iawn;
    Pa ryw un sy benna'
    Mal y r*h*oed milwr Euda',
28   Milwr dad, aml air da?

Gair da, gŵr rhwydda', roddwn—i'w gadw
 Gwedi yr Hen Bilstwn;
 Gedid Duw ynn, Geidwad, hwn,
32 Eto Mair a ato 'marwn.

 A barwn wyd o'r bryn iach
 Â barn iawn heb yr un uwch;
 Brawdwr wyd, brau dur awch,
36 Bryd aur Nudd, breuder a wnewch.

Gwna freuder, hyder hediad—cwmpaswych,
 Cwmpasa dir teirgwlad;
 Milwr, dwyn Maelor danad,
40 Llwybr yt yw lle bu'r tad.

Lle bu'r tad, enw rhad anrhydedd,—bu'n eiste
 Yn ben-ustus 'Ngwynedd,
 Bu siambrlen a hwylbren hedd
44 Byw'n wrol heb anwiredd.

Anwiredd, ni fedd i fyddin—Maelor,
 Am weled gras cymin
 Eithr aer mau, o thry'r min;
48 Pura' oedd o'r pêr wreiddyn.

Gwreiddyn a brigyn, bur eigion,—glân dewr
 Glyndŵr a Rhiwallon,
 Bwlclai, rhoddai aur rhuddion,
52 Ystanlai dan selau Siôn.

Siôn Pilstwn, draw gwn, drwy gennad—Iesu,
 Na bo eisiau amdanad,
 Gado Maelor, yn geidwad;
56 Gader i ti gwedi'r tad.

 Lle bu'r tad, gariad rhai gwirion,
 Lle rhoed taledig oll i'r tlodion,
 Nos da i'r wyneb, was dewr union
60 Heb fynnu cyfoeth ond a fo cyfion.

 Y Gŵr sy ac a fu, fy Iôn—uchelder,
 Eura dy goler, ŵr dewr ei galon;
 Cawn aur pur gwryd gan ŵr piau'r goron;
64 Dy war yn rhuddaur, dëyrn y rhoddion.

Dy alw 'rwy' fwyfwy o Fôn—diriogaeth
Un air awduriaeth â'r nawyr dewrion;
Mae yt air helaeth, mae yt wŷr haelion,
68   Pobl ag ewyllys, pawb fal y gallon';
Mae hen ac ifanc, mwy yn anghyfion,
Mae pawb i'th henwi, mae pob math ddynion.

Mae yt wreica, haela' hilion,—ieirll geraint,
72   A dygai wirfraint Degau Eurfron:
Elsabeth heleth ddiwehilion,
Ystanlai dan selau Siôn.

Dytwn sydd i Esyllt, da d'ansoddion,
76   A Dons, oedd unwedd, dawnus ddynion;
Salbri Lleweni, llinion—sy ddwbwl,
Benna' difwgwl bendefigion.

Santes, unbennes wyneb union,
80   Santaidd a llariaidd oll i wirion,
Diddig daledig i dylodion
Â ffydd Wencdydd heb newidion.

Bonedd rhywiogedd, rhyw eigion—felly,
84   Ni mynni di gelu mewn dy galon
Na chodai un wyneb, ni chaud yn union,
Y gu em rasol; nid gwiw ymryson.

Rhywyr i wragedd rhy orweigion
88   Geisio cwmpario campau irion;
Y Gŵr sy ac a fu [   ]—ar y Groes
A wŷr ado einioes i euro'i dynion.

Â'th lawen ryfyg wrth lan yr afon,
92   Gwenfro tŷ Iago heb ategion,
Clymu, cydnaddu coed newyddion
Caerau ac adail fal Caer Gwydion.

Cerfiad adeilad, Duw Iôn,—ein gweddi:
96   Crist i noddi croestai newyddion
Lle cawn ni fery, llu, acw'n feirwon
O'r dŵr a'r gelltydd, a'r adar gwlltion,

A'r pwys—gwawd aruth*r*—o'r pysgod irion,
100   Bychod, gwiw hyddod a gwahoddion;
Plas o urdduniant, pleser i ddynion,
Palisau, llynnau, garddau gwrddion.

Elyrch a pheunod, c*r*ehyrod irion,
104   Meysydd a dolydd ag irwydd ac aeron;
Pob peth difeth a dyfon'—i'r byd,
Angel iawn wiwbryd, fal yng nglyn Ebron.

Glan Ebron lys Siôn, *l*esiwr—eurglod,
108   Ail i arglwydd Dewdwr,
Un pur einioes, a'n Prynwr,
N'ad ynn gael newid *ein* gŵr.

Pwy yw'r gŵr tra fo dŵr a'r deri, &c.

Ffynonellau
A—BL Add 14978, 95ʳ B—BL Add 31071, 124ʳ

Ymhellach ar y llawysgrifau, gw. tt. 123–6.

Amrywiadau
1 *B* ..tros dwr.. 3 *AB* ..ar hod.. 4 *A* ..ben raith.. 5 *B* a ni.., *AB* ..ai gweddi i
gyd ogoniant 11 *A* pen raith.., *AB* ..awdvriaith.. 16 *B* or du.. 22 *A*
gobeithaw.. 24 *B* ..dai da.. 25 *AB* maylordir.., *A* ..koffir.. 27 *B* mal erioed..,
A ..i roed.. 29 *A* ..rwydda roddwn.. 31 *A* ..yn.. 32 *B* ..Mair ato.. 35 *AB*
..dor.. 36 *B* ..broder.. 37 *AB* ..kwmpesswch 40 *A* ..lle i bv r.., *B* ..bo r.. 41
A llei bv r..rad.. 44 *B* bu n wrol.. 47 *AB* ..mae.. 48 *AB* pvr a oedd.. 50 *B*
glan dwr.., *A* ..riwallon 51 *B* Bwclylai.., *A* ..roddai..rvddion 52 *A* Stanlav..,
B ..selai.. 57 *A* llei.., *B* ..sad gariad.., *AB* ..rai.. 58 *A* ..roed..tylodion 60 *B*
..on a fo.. 61 *B* ..fu fy son.., *AB* ..ywchelder 62 *A* a evra.. 64 *A*
..rvddavr..roddion 65 *B* ..ryw..diriogaith 66 *AB* ..awdiriaith.. 67 *AB*
..iti..iti.. 68 *AB* ..wllys.. 69 *B* ..mwy anghofion 71 *AB* ..i ti.. 73 *B* Elsbeth..
74 *AB* Stanlav.. 75 *B* Duttwns.., *AB* ..sy i.. 76 *B* ..daionus.. 77 *B* ..llinon..,
AB..ddwbl 83 *A* ..rywiogedd ry weigion.., *B* ..rhy weigion.. 85 *A* na chotai
yn wyneb ni chaiti.., *B* ni chotai yn wyneb ni chait.. 86 *B* ..ni gwiw.. 87 *B*
cywir.., *A* ..ry.. 88 *AB* ..gwmpario gampav.. 89 *B* ..y sy.., *AB* ..fy ar.. 90 *B*
..einioes euro.. 92 *B* gweneuro.. 93 *A* ..nywddion 94 *A* ..gwdion 96 *AB* ..ai
noddi.., *A* ..newddion 97 *A* llei..vere.., *B* ..fere accw n.. 98 *B* ar..gwylltion
99 *B* ar pwy.., *AB* ..arvth.., *B* ..ar pysgod.. 101 *A* ..vrddoniant.. 102 *B*
..gwyrddion 103 *B* eleirch.., *AB* ..kyrhyrod.., *B* ..hirion 106 *A* ..vel.. 107 *B*
..llys Sion leisiwr.. 110 *A* ..yn gael.., *AB* ..vn gwr

8
Moliant Siôn Wyn o Wedir

Tri phlas hael mewn tri phlwy' sydd.
Mair, pa dir mae'r pedwerydd?
Pertio'r gwaith, peri Tŵr Gwyn,
4   Piau unrhwysg â'r Penrhyn?
Gefenni mawr lenwi medd,
Gwinllan Raglan rywiogwledd.
Plas Gwedir, palis gwiwdawd,
8   Wyd heddiw brint hyd Dydd Brawd:
Caer o fain nadd, cerfio'i nen,
Crest Calais, croesty Cwlen.
A fu roi coed ar frig gwal
12   Mewn castell, na main, cystal?
Pob odiaeth pawb a edwyn,
Powls ein iaith yw plas Siôn Wyn.

Tarw o Fredudd trwy frodir,
16   Tydi, Siôn, yw tad y sir.
Llin Ifan o'r llwyn afall,
Eryr o'r llwyn aur i'r llall.
Coed Rhobart yn cau triban,
20   Cymer y glod, Cymro glân,
Llin Gruffudd, llywydd oll ynn,
Fab brau wiwbarch, fab Rhobyn.
Hoywder grym, hyder a gras,
24   Hael wyd, eurwalch, hil Derwas.
Gwŷr y sir i'th garu, Siôn,
Glewdwr cof gwladwr cyfion.

Mawr yw dy gost, Morda' gwin,
28   Moes dros ŵyl, Meistres Elin,
Gwawr Forus, lwyddiannus wledd,
Iawn genedl Owain Gwynedd.
Edrychais daed yr iachoedd:
32   Y taid o ryw Tewdwr oedd;
Cuhelyn, Bleddyn un blaid,
Ystâl deg, ystil dugiaid.

A fu wraig well o frig iach
36 Er oes oesoedd rasusach?
Nodais y gwir. Nid oes gwan
I'th wlad draw, na thlawd truan,
Na newyn corff yn un cwyn,
40 Na syched,—nid nes achwyn—
Nac un noeth yn y gwn i,
Na dyn heb gael daioni.
Dy rodd i gant, deurudd gwin,
44 Da talo Duw yt, Elin.

Dy blas, Siôn, yn dyblu sir,
Dur grwndwal, dôr graeandir,
Gwedir fry is godre'r fron,
48 Golau nefoedd glan afon.
Ytir, doldir adeildy
O burion fraint Ebron fry.
Dan y rhiw, daioni 'rhawg,
52 Dŵr, coed ir, derw cadeiriawg.

Archent bawb er chwant bybyr,
Archant da er chwant i wŷr.
Erchi 'rwy', Siôn, arch i'r saint:
56 At dy wyneb oed henaint.

Ffynonellau
A—Pen 99, 289 B—Card 4.101 [= RWM 83], 35b C—CM 12, 134

Ymhellach ar y llawysgrifau, gw. tt. 123–6.

Amrywiadau
4 *C* piau r.. 7 *A* ..kiwdawd, *C* ..giwdawd 8 *ABC* wyt.., *AB* ..i brind.. 19 *AB*
koed Robart.. 22 *A* ..robyn, *B* ..Robyn 33 *C* ..y blaid 35 *C* ..ach 47 *ABC*
..godrav r.. 51 *B* ..dovoni.. 56 *C* ..ond henaint

9

Gofyn cymod y Doctor Elis Prys, Plasiolyn

Pa ryw ddadl? On'd prudd ydwyf?
Pand oer iawn? Penydiwr wyf.
Rhyw fodd, nid oes ryfeddod,
4   O Mair, bu waeth ym o'r bod.
Plas erioed ym, pleser dwys,
A brodir oedd baradwys:
Tŵr Prys hael, tir, pery sôn,
8   Teml dawn, tŷ aml y dynion.
Rhyfeddod ym o'r drum draw
Fyw un dydd heb fynd iddaw.
Annedwydd o un ydwyf,
12   Yn nhop sir anhapus wyf
Bod harddrem, bywyd hirddrwg,
Un diwael gorff yn dal gwg.

Doctor wyd, dwg y tair iaith,
16   Di recyfri dair cyfraith.
Mae stôr ŵyl y Mastr Elis;
Mintai hen ieirll maent hwy'n is.
Ban oedd gwaith, beunydd a gaf,
20   Bryd oer wedd, a brwydr Addaf,
Dialwyd hwn, daliad dwys,
Heb rodio i baradwys.
Felly un fodd fy lle'n fau:
24   Parodd f'anap, prudd finnau.
Cenfigen yn f'absen fu
Athrodwyr, eithr ei wadu.
Coeliwch, y gŵr, clywch y gwaith,
28   Câr di wan, carw diweniaith:
Ni ddoedwn air twn i'r tau,
Mawl pennaeth, er mil punnau.
Gyda'r eiddod, gwawd rhwyddiach,
32   Rhown y pwys er yn fab bach,
A'm bryd nad awn, llawn wellhau,
Ychwaith ond gyda chwithau
Mwy nag yr aeth, wiwfaeth iôr,
36   Dafydd o windai Ifor.

          O llidiaist, f'eryr llwydwyn,

          Bâr tost oedd beri yt hyn.

          Rhodri maes, rhydrwm ysig,

40   Ebwch oedd ym o baech ddig

          Cristoffus ac Erclus gynt

          O bu swrn o bwys arnynt.

          Llid yn faich llydan a fu;

44   Fy llwyth ymron fy llethu.

          Dy lid, od wy' dylodach,

          Dy gŵyn ym a'm dygai'n iach.

          Dy wir fodd od wy' ar fai!

48   Dy heddwch a'm dyhuddai.

          Dy gellwair a bair ym barch;

          Dy gymod rhag dig amarch!

          Dawn oedd gael—dy nawdd i gyd!—

52   Diweddu f'annedwyddyd.

          Dy law i fardd (diwael fu)!

          Dy ras, er Duw a'r Iesu!

Ffynonellau

A—BL Add 14976 [= RWM 22], 207ᵛ B—J 137 [= RWM 12], 261 C—BL Add 14969, 176ʳ D—LlGC 18B, 334 E—LlGC 9176A, 59 F—Card 4.10 [= RWM 84], 421 G—BL Add 31071, 122ʳ

Ymhellach ar y llawysgrifau, gw. tt. 123–6.

Amrywiadau

1 *B* ..i ddadl prvdd.. 2 *F* ..penydiaw r wyf 3 *DE* ..rhyfeddod 5 *G* ..yn.. 8 *B* ..ty aml dynion 12 *E* ..nhop an happus.. 13 *B* bod hardderm.. 16 *ABCFG* di a.., *B* ..rykyfri r tair.. 17 *ACFG* ..ystor.., *B* ..wyl mastr.., *FG* ..meistr.. 19 *B* pan.. 21 *B* dilevwyd hwnn.., *F* daliwyd hwn.. 22 *B* ..o byradwys 23 *B* ..fodd oll yn fav 28 *ABC* ..diweiniaith 29 *B* ni ddwydwn.. 31 *AC–G* ..rwyddach, *B* ..gwad rwyddach 32 *AC/F* yr wyf am pwys er / ar fab pach (*A* > rhown y pwys er yn fab bach), *B* rwyf am pwys.. 35 *DEF* ..win-faeth.. 41 *B* ..erkles.. 43 *DE* ..faith.. 45 *B* ..wyf.. 47 *BFG* ..wyf.. 52 *F* ..f annedwyddfyd

Marwnad Hywel ap Dafydd ap Meurig Fychan, Nannau

Marwolaeth a wnaeth i ni,
A Duw ollnerth, dywyllni:
Dwyn Hywel, Duw uchel Dad,
4   Dinistr ar bawb a'i 'dwaeniad,
Mab Ddafydd, air Lludd, i'r llan,
Duw, ddoe y'i treied, dydd truan.
Mae ŵyr Feurig mor farwol;
8   Mair, beth a wnair byth 'n ei ôl?
Trist ddybryd fy mywyd mau
Troi yn unawr tŵr Nannau.
Dydd yr âi hwn, diwedd rhaith,
12   Llawn fu echrys Llanfachraith.
Ei duedd, cwbl o Dywyn,
Dilyw oll oedd Dal-y-llyn.
Dolgellau, mordrai mawrdraul,
16   Tuedd rhew nis tawdd yr haul.
Maen growndwal mewn gwronder,
Mur oedd y clai, mawrddawn clêr.
Gwedi'r mur gwae dir Meiriawn,
20   Gweddwed oll guddio ei dawn.

Y plant a'i epil o'i ôl
Yn cau draw yw'n coed reiol.
Yntwy ar bawb aent â'r bêl,
24   Pwys etifedd, pyst Hywel.
Gair dwysglod, garw dewisglaer,
Gruffudd oreuwydd, i'w aer.
Hylwydd y gwnâi bob helynt,
28   Hywel a'i gorff oedd hael gynt.

Hiraeth drem hwyrwaith dramawr,
Hydr âi i mi hyder mawr.
Daear a'i cloes, ŵr da clau,
32   Ni chaf fan heb 'och finnau!'.
Oer bridd sydd ar buraidd sêl
A chaead; yn iach, Hywel.

I nef y troes, yno trig,
36   Doeth wladwr detholedig.
Mawr wendid marw undyn,
Mae achreth oer, Machraeth wyn.
Meirionnydd am ŵr enwawg,
40   Aeth ei rhwysg yn waeth yrhawg.
Doetha' gŵr, Duw aeth ag e',
Ac o'i fyned gwae finne.
Diben ar bob llawenydd,
44   Dydd Brawd oedd ddyfawd ei ddydd.
Dilyw yn ôl, gwn dolef,
Duw aeth i'w gywaeth ag ef.

Ffynhonnell
BL Add 31061, 25ʳ

Ymhellach ar y llawysgrif, gw. td. 123–6.

Darlleniadau'r llawysgrif
1 marfelaeth.. 2 ..all nerth.. 3 ..daid 4 ..dwaeniaid 6 ..i treied ddydd.. 10 troi nvn avr.. 14 ..oll oedd oll.. 15 dol gellai.. 17 ..gwroder 22 ..yw koed Reioll 24 ..peysd howel 29 ..hwyr waeth.. 30 hydrei mi.. 33 ..ssoel 35 in nef..yno i trig 38 ..machreth.. 41 ..ef 42 ..gwai finef

11

Erchi march gan Dudur ap Robert o Ferain

Mae ungwr glew, meingarw glân,
Mwy no dewr mewn ei darian:
Y detholfab doeth haelfawr
4   A glyw dwy fil ei glod fawr.
Trwy braff wawd tro-i i broffwydo:
Tudur fab, tid aur a fo.
Glain Robert, glanryw obaith,
8   Glân a dewr wyd, glöyn Duw'r iaith.
Tirion ei glod, tëyrn glân,
Teidiau rif: Tudur, Iefan,
Ir ddewisfab urddasfael,
12   Urddedig bonheddig hael.
Dy ryw arall da'r owran,
Dewinais glod doi'n was glân.
Cana' wawd, Conwy ydwyd,
16   Sêl brau o iach Salbri wyd.
Cair yt, eryr cwrt Harri,
Cai, radd i'w dwyn; cyrraedd di.
Doeth ar air dithau'r owron,
20   Dewis gŵr brau, dos garbron
Â'th lawn sud i'th alw yn syr,
Â'th euro eilwaith, eryr,
Â'th goel waed i'th gael wedi,
24   Â'th wryd aur i'th war di.

Gwrandewch i gyd, mawlfryd mau,
Felly sôn f'wyllys innau:
Am ei farch ef mwy fu'r chwant
28   Â lliw dulas lle daliant.
A fu'*i* nwyf o anifail?
I neb erioed ni bu'r ail.
Sef ei weled sy i Faelawr
32   Sinsur o farch Sain Siôr fawr.
Hudol bach, hy deil ei ben,
Hyd war Mars hoywder mursen;
Un diorwyllt, yn diriawn,
36   Un dulas wedd, yn dlws iawn;

Llawes gwaith lliw ysguthan,
Llafn â graen gwlith, llyfngrwn glân;
Dilaweslaes dulasliw,
40   Dan ei sir gorff dawnsiwr gwiw;
Da ysgwyddled osge*i*ddlwm,
Da a wnâi ddwyn tras dan ddyn trwm.

Prynwyd iddo'r peiriannau
44   A ffrwyn gaeth i ddal ffroen gau.
Cyfrwy a bair cyfryw boen:
Cnwd aberffrwd gwiberffroen.
Cof o enau cyfiawnwych,
48   Caf ar ei gefn cyfrwy gwych
A dwy gengl o daw gwingo
A ddyly fod i'w ddal fo.
Lle i'r ddeudroed, llwyr ddodrefn,
52   Glân yw'r gwaith, glyna' ar ei gefn.
Ei grwper lle caffer cost
A'i frongengl o fawr ungost.
Llawn yw o fyw, llyna fo
56   Mewn dewrnerth ond mynd arno.

'Y nhraed, oedd yn rhaid uddun,
A flinai'n hawdd o flaen hyn.
Mi awn i'r fron mewn awr fry
60   Ar gefn hwn rhag ofn hynny.
Duw, ar ŵr hael dewr a'i rhydd,
Dyro gannoes drwy gynnydd.

Ffynonellau
A—LlGC 6495C, 111ᵛ B—LlGC 21700D, 59ʳ

Ymhellach ar y llawysgrifau, gw. tt. 123–6.

Amrywiadau
4 *B* ..drwy fil.. 5 *A* ..waed troi i.., *B* ..troi broffwydo 7 *A* ..robart.., *B*
..Rhobert.. 12 *A* ..vonhedic.. 15 *A* kanai.., *B* kanaf.. 18 *B* ..kyredd.. 23 *B*
..goel aed.. 28 *A* ..lle i.. 29 *B* a fy mwyaf un.., *A* ..fv nwyf.. 30 *B* ..ni bv i ail
33 *A* ..hy i.. 38 *A* ..lyfngrwn.. 41 *AB* ..osceddlwm 42 *B* da wnai.. 43 *B*
..peirianv 44 *B* i ffrwyn..i ffroen gav 45 *A* kyfryw.. 46 *B* ..gwiw ber ffroen
47 *A* ..enw.. 48 *B* ..gyfrwy.. 52 *A* ..glyn.. 53 *AB* ..lle i.. 55 *A* ..dyna fo 62 *A*
..draw gynnydd

Moliant Siôn Trefor Fychan o Groesoswallt

O! Dduw, ban ydd wy' *h*eb wedd,
Ystôr blin, es tair blynedd?
Tra chariad a'm trwch oeres,
4   Torrodd 'y mron trwyddi am wres.
Annwyd ym fu. Nid am ferch
Yr âi droso' ryw draserch.
Mau un gŵr imi'n gariad,
8   Mau moethau ail *m*am a thad.
Tra mawr goel, troi mae'r galon
Trwy fawr serch yt, Trefor Siôn,
Er pan aethost, harddbost hir,
12   O Gaeroswallt, gore*u*sir.
Ni roed [   ] dan ŵr tristach,
Ni ddygyn' ddeugain iach.
Nid dihareb [   ],
16   [   ]liai'r un ddolur waeth.
[   ] aros 'y merthyrwyd,
[   ] piler aur, Ow! p'le'r wyd?
*C*lywais dy fod, freuglod frig,
20   [   ]yn dyfod yn bendefig.
Croeso, yr hardd Gymro hir,
Eurllath gwŷr, i'r lle'th gerir.
Na theriwch, gownwaith Aron,
24   *N*a thrig ar di*r* Seisnig, Siôn.
Cerwch ymysg cywiriaid
I'*r* wlad y bu'ch tad a'ch taid.
Ll*u*ddia draws *a* lladd *yn* drwm
28   Yn Nhreoswallt, anrheswm,
A chalyn, heb ddychweliad,
Lle b*u*'r *t*aid dewr llwybr y tad.
Gwyn 'y myd (o g*w*na) yn ei ôl;
32   Gwelwch gariad, gwalch gwrol.
Achos gw*a*el, na chais goeliaw,
[   ] drwg athrod draw.
[   ] dreiglwr y drwg,
36   [   ] cilwg.

Wythryw grym o'th ryw [   ]
A'th wraig o'r fath rywiogaid[ ]:
Meistres, mau'r lles, ym mor ll*awn*,
40   Elsbeth ddiweni*eth* uniawn.
Rhadau Nudd rhoed, winwydden,
Am ei ffriw hael, Wmffre hen.
Gleifiau oedd yn*n*, glew faedd aur,
44   Grae a Chinast, gwrych henaur.
Seinio'r wyf fi, synnwyr fawr,
Sant oreufodd, Siôn Trefaw*r*.
Dig y sy drwy dy gas draw,
48   Difaeliad oedd dy filiaw.
Nod ar hyn, n'ad yr hen [   ]
Na'th air yn d'oes na'th ran d[   ].
Nid yr un bris dan war br[ ]
52   Bren croywnerth â brwyn [   ].
Dy air aeth ar dir weithian,
Derwen ymysg y drain mân.
Trefoswallt, lle tarfason',
56   Trychan ha' terr*ych* yn hon.
Teiroes mal at gaterwen
Trwy farn byd, Trefor, *yn ben*.

Ffynhonnell
Pen 84, 127

Ymhellach ar y llawysgrif, gw. td. 123–6.

Darlleniadau'r llawysgrif
1 ..eb wedd 8 ..nam.. 12 ..goreisir 13 ny roed t[ ]yst dan.. 15 ..dihareb *oed hir*[ ] 19 [ ]lowais.. 22 avr llath.. 24 [ ]a thric ar di seisnic.. 26 [   ] *wlad i bych*.. 27 lliddiam drawst lleddam drwm 30 lle bor haid dewr.. 31 ..o gna.. 33 ..gwnel.. 34 *iaith* [ ] drwc.. 35 [ ] *denw* dreiglwr.. 36 [ ]*lwydd i yrr* kilwc 39 ..mavr lles ym mor ll[ ] 40 ..ddiweniaith.. 43 ..oedd yn.. 44 ..gwr wych henavr 46 ..sion trefaw[ ] 49 ..nad yr henn [ ] 52 ..brwyn kr[ ] 55 ..llei tarfason 56 ..teriw.. 58 ..trefor [ ]

Moliant Lewys Gwyn, Trefesgob

Pwy'r dewrwalch pur di*h*aereb?
Pwy sy'n ŵr nis pasiai neb?
Pwy'r glân iawn pur galon iôr,
4   Pendefig pennod Ifor?
Meistr i fyrdd, mae ystôr fawr,
Lewys, Fêl Ynys flaenawr.
Cwnstabl ffortunabl wyt ti
8   Trefesgob, tyrfa wisgi;
Brigyn o Siancyn aur sêl,
Gwraidd iach yn dwyn gradd uchel;
Brau fodd hael,—ba ryfedd hyn?—
12   Br*e*uffrwyth loywlwyth Lywelyn;
Gwilym Gwyn galwen' y gŵr,
Dithau fal y doeth filwr;
Gwaed Adam i gyd ydwyd,
16   Glain nod a dull, glendid wyd.
Clod ein iaith cludwn weithian,
Cymer y gloch, Cymro glân.
Cawn yt odiaeth, cnot ydwyd,
20   Cai drasau llawn coed Rys Llwyd;
Sain Siôr rhagor rhywiogwraidd,
Samson o ryw Einion wraidd.
Ucha' gwaed i chwi genais,
24   Yn un sêl *o* Einion Sais.

Bro Wynedd yw'r tuedd tau,
A hen Bowys hwn biau.
Brest haelwalch, bwriaist helynt
28   Brychan coel Brychein*i*og gynt.
Tarian wych at ran iachoedd,
Atebi wŷr, ti bíoedd.
Tri cheiliog serchog dy su*d*,
32   Tri phen gwayw onnen gennyd.
Tyn gariad dengwlad yn d'ôl,
Trig yn wiwddawn tragwyddol.
Duw a'th geidw, doeth gadarn,
36   O choeli fi, uchel farn.

N'ad goelio yn dy galon
Trywyr y sydd (nid rheir sôn):
Cynhennwr, nid cludwr clod,

40   A dyn uthr yn dwyn athrod;
A'r celwydd am drydydd draw,
Nid cywilydd ond er coeliaw.

Ond a'th gâr, un doeth geirwir,

44   Da dlyy'r gerdd, dadlau'r gwir,
Cans, da blaid, cwnstabl ydych,
Cyfiawn, a gŵr cefnog ych.

Ni wnaut, enwog nod dinam,

48   Wyneb y gwir, â neb gam.
Cosbaist a gyrraist yn gaeth
Lladron ac anllywodraeth.

Ni bu swyddwr o ŵr well

52   Na'th gystal mewn wyth gastell.
Tri modd—on'd da'r ymweddan'?—
A dyf clod pendefig glân.

Gair a ennill gŵr unwaith,

56   Na chollwch hwn o'ch llaw 'chwaith.
Di-fas draul, da feistr wyd,
Dwyn od ar bob dyn ydwyd.

Dy wlad oedd dylawd iddi

60   A bod dwy awr hebot ti.
Dewr a chall wyd drwy'ch holl iaith
Dwyn gwiwfraint da iawn gyfraith.

Dyn difost da iawn d'afel,

64   Dowch, ac yn iarll Duw a'ch gwnêl.

Ffynhonnell
Pen 114, 45

Ymhellach ar y llawysgrif, gw. td. 126.

Darlleniadau'r llawysgrif
1 ..diaereb   12 brav ffrwyth..   20 ..koed Rhys..   24 ..sel Einion..   27
..bwriest.. 28 ..brycheinog.. 30 atteb i.. 31 ..svtt 38 ..nid rhyhir.. 44 ..dyly r
gerdd.. 47 ni wnayd.. 56 ..och law ychwaith

Moliant Rhisiart ap Rhys, *Gogerddan*

Pam o ddal pe meddyliwn?
Pa fyd anhyfryd yw hwn?
Eisiau haelion is helynt
4   O radd y gwŷr ar oedd gynt:
Y triael, glew afael glod,
A'r tri hyn gwŷr tra hynod:
Mordaf, Ifor iôr arall,
8   A Nudd, ŵr llywydd, yw'r llall.
Ni wn i fod un yn fyw
Ar y sydd i'r oes heddiw
Wedi hwynt onid un hael
12   Sy yn troi sôn y triael.

     Am fonedd, o 'mofynnwn,
O bob tir awn bawb at hwn.
Miliwn a gyrch ymlaen gwart
16   Maes drosod, y Mastr Rhisiart,
Pen gwlad, a'u pinagl ydwyd,
Ap Rhys, un apyrsiâ wyd;
Llin Dafydd, llawnwaed Ifor,
20   Llwyd, onest wyd, a'n ystôr.
Llwyr gariad rhois arnad serch,
Llinon o wreiddion Rydderch.
Uwch iti oll iach at hyn
24   Tuedd arglwyddwaed Tywyn.
Dwyn eich rhyw,—daw'n iach ryhir;
Ni dderfydd mal hafddydd hir.
Pybyraidd waed, pob rhyw ddyn,
28   Pennaeth waed, pwy ni'th edwyn?

     I chwi, wrol, Uwch Aeron;
Sir fawr, hael, siryf ar hon.
Hoywder lamp, hyder y wlad,
32   Hydd geirwir, haedda gariad.
Bytheiad wyf o nwyf Naf
Drwy addysg a dryweddaf.

Ni cheisiaf, ni fynnaf ôl,
36   Hel ond dewr hael naturiol.
Ymlid a dilid dolydd,
Dalfa'r hael, delwyf i'r hydd.
Ca' Risiart, y carw oesawg;
40   Cyfryw hydd nis caf yrhawg.

Y mae i'r carw, marc euriaith,
Gem aur, un gymar o'i iaith:
Ewig fonheddig fain hael,
44   Rywiog, ddoniog, ddianael.
Mawr fael er cafael cyfoeth
Ethliw foneddigliw ddoeth.
Lloer Wiliam yw'n llwyr olud,
48   Llawn oedd bob llawenydd byd.
Am wreiddyn Siancyn mae sôn,
Bonedd Iorwerth ab Einion.
Da rywiog iach, da wraig wyd,
52   Os da y lana' a luniwyd.

Hwn a hon, hyn a henwais,
Haelion o'r eigion i'r ais.
Drindod fyth, dewr iawnDad farn,
56   Dihocedwaith Duw cadarn,
Troed air da trwy dir deau.
Teiroes a ddêl tros y ddau!

Ffynonellau
A—LlGC 19161B, 3 B—BL Add 14976 [= RWM 22], 81 C—LlGC 872D
[= Wrecsam 1], 342 D—LlGC 728D, 57 E—Card 4.10 [= RWM 84], 353
F—BL Add 31071, 119[r] G—CM 12, 629 H—BL Add 14964, 140[r]
I—Gwyn 1, 149[v]

Ymhellach ar y llawysgrifau, gw. tt. 123–6.

Amrywiadau
1 *A–FHI* ..pei.. 4 *I* ..a oedd.. 5 *BCE–H* ..trihael.. 7 *ADI* morda.., *H* ..gwr
arall 8 *G* ..pwy ai lludd.., *D* ..fvr llall 10 *AD* ..yr.., *BCE–I* ..or.. 11 *G* wedi n
hwynt.., *E* ..ond un.. 12 *BCE–H* ..trihael 13 *ADI* ..i mofynnwnn 16 *G*
..drosot.. 18 *G* ..un an pyrsia.., *H* ..un o pyrssia.. 20 *CDH* ..am.., *G* ..llawn
ystor 21 *BEFH* ..roes.., *C* ..Roes.., *GI* ..rhoes.. 22 *BCE–I* ..Rydderch 23 *E*
iwch.., *FHI* ywch.., *A–GI* ..ach.. 24 *H* ..arglwyddwlad.. 25 *BEFG* ..ryw.., *D*
..dawn ach rrychir, *G* ..ach.., *A* ..rryhir 27 *ABEFH* ..ryw.. 29 *G* ..eryr.. 33 *C*

..iach 41 *DEI* i mae r karw.., *A–EHI* ..markeiriaith, *G* ..marc em iaith 42 *D* ..o iaith 48 *H* ..pob.. 50 *ABCHI* ..ap.. 51 *H* dda..dda.., *BC* ..Rywiog.., *G* ..ach.. 52 *ADI* os da lanaf.., *BEFG* os da lana.., *C* os da r lana r.., *H* os da r.. 53 *H* hwn a hwn.. 55 *E* ..dewr undod farn, *H* ..ddewr.. 56 *BCEFGI* dihokediaith.., *H* ddihoccediaeth dduw.. 57 *B* e roed.., *G* ..ar da.., *H* ..dda..

15
Moliant dau blwyf Mawddwy

Rhoed ym boen, rhaid ym benyd,
Rhodio o bell 'r hyd y byd.
Mi a gerddais, drais drysor,
4   Oedd o fan rhwng y ddau fôr
A phob llwybr dan yr wybren,
A mynd fal hynt Mawndfil hen
I edrych, irwych arael,
8   Am le teg ac am wlad hael:
Mawddwy a'r ddeublwy' ddyblwaed
Y cenais deg cannos daed.
Tariaf yno tra fynnwy';
12   Nid rhaid i mi un troed mwy.
Nawoes i'r Dinas newydd!
Rho, Iesu, hap i'r rhai sydd!
Llawn ym oedd Llanymawddwy;
16   Llaw Dduw hael a'u llwyddo hwy!
Plwy' Mallwyd,—ple mae wellwell?—
Cludem i hwn clod ymhell.
Da iawn yw'r wlad, down i'r wledd,
20   Duw gwyn rhoed deg anrhydedd.
Gwŷr, gwragedd, hwylwedd heulwen,
Meibion, morynion, Mair wen,
Ac i'w plant ffyniant a ffawd,
24   Oed diweddbraw', hyd Dyddbrawd.

     Paradwys pob cwys y caf:
Golau dyddyn gwlad Addaf.
Meysydd mynydd a maenawr,
28   Cateri 'mysg coetir mawr;
Heldir a gweirdir gwyrda,
Eto ar dwyn ytir da;
Gwlad hardd ei golud yw hi,
32   Drwy hon dôi afon Dyfi
Lle tyf pob peth difethiant,
Llwybrau sy well lle bu'r sant,
Lle'r oedd is trumoedd tramawr
36   Tydecho'n llafurio'n fawr.

Ceirw gwlltion craig elltydd
Arddai i sant, arwydd sydd.
Oddi yno'r blaidd ewinog
40 I dynnu a roes dan yr og,
A'r dŵr rhwydd o odre'r rhiw
A wnaeth yn wnllaeth unlliw.
Gras a gafas â gofyn,
44 Cennad yr haelDad ar hyn.
Gwnaed Duw ei hun ganiatáu
W'rantu ei holl wŷr yntau.
Deublwy' Mawddwy, 'y meddiant,
48 Croes Duw, ar ôl Crist yr ânt.

Ni bu erioed dan wybr iach,
Wir galonnau, wŷr glanach.
Dewrion *a* haelion heleth,
52 Grym a'i pair gwŷr ym mhob peth.
Moesol a siriol di-serth
A thra da wrth rai dierth,
A chostus, iawnwych ystyr,
56 Daed yw'r gamp, da Duw i'r gwŷr.
Haul ynys yw'r hoyw lannerch,
Gorau gŵr, mab, gwraig a merch.
Antur, aeth yn tir weithian,
60 Ydd af fi fyth o ddau fan.
Mae fy 'wyllys am Fallwyd,
Ys da ryw fan ei stôr o fwyd,
Ac weithian i'r Llan o'r llys
64 Mwyfwy oll mae fy 'wyllys.
Tramwy rhwng y ddeublwy' dda
Trwy'r Dinas traw ordeinia'.
Rhoed Duw einioes fal Moesen
68 I ddeublwy' Mawddwy, Amen.

Ffynonellau
A—Brog (y gyfres gyntaf) 2, 541 B—J 101 [= RWM 17], 727 C—Pen 91,
11 D—Llst 166, 126 E—LlGC 566B, 65 F—LlGC 566B, 55

Ymhellach ar y llawysgrifau, gw. tt. 123–6.

Amrywiadau
2 *C–F* ..i bell.. 3 *C* mi gerddais treiais trysor, *DEF* ..trais trysor 4 *C*
..rhwn.. 6 *C* at mynd..mandfil.., *DEF* ..Mawnfil.. 7 *D* ..arail 9 *C–F*

..ddwblwaed 10 *F* i kenaies.. 13 *C* ..yw dinas.. 15 *A* ..mowthwy 18 *D* ..iw hwn glod..., *F* ..glod.. 19 *D* ..down r wledd 20 *C* ..rhod.., *DEF* ..rho.. (*E* > rhoed) 23 *E* ..phlant.. 24 *A* ..ddyddbrawd 30 *C* etto yrioed dwyn.., *ABEF* ..er dwyn.., *ABDEF* ..y tir.. (*E* > yttir) 31 *C* ..hawdd.. 32 *D* ..daw.. 33 *C* llei ty.., *DEF* llei tyf.. 34 *C–F* ..llei bv r.. 35 *ABCEF* llei roedd.., *D* llei wedd.. 37 *C–F* y keirw.. 38 *ABDE* arddav.., *C* ardda i sant.., *CEF* ..y sydd 39 *D* oddiyno blaidd.. 41 *C–F* y dwr.., *D* ..o odre rhiw 42 *C–F* foi gwnaeth.., *C* ..wynllaeth.. 43 *B* ..o gofyn 44 *C* kanad.., *D* genad.. 45 *C–F* gwnai dvw.., *C* ..ganidhav, *DEF* ..geniadhau 46 *D* ..i wyr.. 47 *DEF* ..ym meddiant 49 *D* ..wybren.. 50 *C* [ ]ir galonv.. 51 *C–F* [51–2], *AB* dewrion haelion.. 53 *AB* moesol siriol.., *C* ..diseythr 54 *C* ..dieithr 55 *D* ..iawn wyth.., *E* ..iawn wrth ystyr, *F* ..iawn wyth ystyr 57 *C–F* hael.. 58 *F* ..ar merch 59 *AB* ..yn y tir.. 60 *C–F* y dda i fyth or.. 61 *C–F* i may.. 62 *AB* ..riw fann.. 63 *D* ..ar llys 64 *C* mwy i fyw oll i may.., *DEF* ..y mae.. 65 *C* ..rhwn.. 66 *C* drwy..draw.., *D* ..draw..

Awdl farwnad Tomas ap Morgan Gwyn o Gil-y-cwm

      Gwae holl Gred *d*rymed t*r*emyn—am Domas,
          Câi urddas cywirddyn,
          O! Mair wendeg, marw undyn,
4   Mawr gŵyn gŵr, mab Morgan Gwyn.

      Duw gwyn, dau cannyn lle cwynan'—am hael
          O hil Dafydd Fychan,
          Doe'n dirwywy*d* yn druan;
8   Daear sy glog dewrwas glân.

      Glendid—oer gyllid—gyda'r gallu—dewr,
          (On'd yw oer ei gladdu?)
          Llew di-gas lle dug Iesu,
12   Llithrodd ystâd llwyth Rys Du.

      Duodd, dirgrynodd daeargroenen—dwrf,
          Darfu haul yr wybren;
          Gwae'*r* tiroedd am gaterwen,
16   Gwedd*a* i bawb guddio'i ben.

          Un brenhinbren, nen ein iaith,
          Erioed o lin euraid lwyth,
          Seiliai fo ddysg Selyf Ddo*e*th;
20   Oera' poen y*nn* er pan aeth.

      Pennaeth awduriaeth dewrwas—a'i fawrglod
          O friglwyth dau Domas,
          Duw lwyd, lle treisiwyd pob tras,
24   Ni fu foliant fwy *i* Felwas.

      Melwas, cwyn Tomas can tymor—herwydd
          Hiraeth am ein blaenor;
          Awn, os Duw aeth â'*n* ystôr,
28   I lefain am ail Ifor.

Un rhagor ag Ifor gynt,
Un fawrhad, un rhoddiad rhent;
Duw aeth â'n pennaeth a'n pont,
32   Y gŵr gwell nog o wŷr gant.

Wyth gant ni chwar*dda*nt, Och! wirDduw—Dad,
Nid *ŷnt* ond b*r*eiddfyw;
Darfu'r hydd dewrfawr heddiw,
36   Darfu iawn barch dra fôn byw.

Lledfyw a di-syw, dwys och—ar wythgant,
Coel llesi*a*nt collasoch,
Poen weithian er pan aethoch,
40   Gŵr o iawn gorff Gronwy Goch!

Oes mwy am Ronwy, mawr anian—waednod,
Idnerth ac Elystan?
Oes un dref na llef na llan
44   Na dyn draw nad yw'n druan?

Gwae ni, trueni bob tro—a wnelom
Am anwylyd Caeo;
Galar fydd nas gwelir fo,
48   Ei fath iawnwalch, fyth yno.

Yno'r aeth wendid oeriaith undydd
A nefoedd Duw'n dwyn un oen ufudd,—
Gŵr ir goludog, gorau o'r g*w*ledydd,
52   Dewr a diofnig, da ryw a defnydd.

Oer yw ei gywely o awr i gilydd
'N ei ôl, wiw bennaeth, yn wylo beunydd;
Galar o loes wâr y sydd—amdano,
56   Wylo drwy Gaeo yn dragywydd.

Try, orau genedl, tri ar gynnydd:
Mwya' stôr dwyfol yw Meistr Dafydd;
Hopgyn fron heirddion mal hirddydd—yr haf
60   Yw aer a garaf o air Gweirydd,
A Morgan, anian unionwydd—eurglod,
Ŵr â bron hynod ryw brenhinwydd.

[   ]
64   Meibion goed irion, ir gadeirwydd,
       Brodyr mewn dolur mewn dydd—am benn*aeth*,
       Aeth oer awch hiraeth i'r chwiorydd.

       Yn iach, yr eurwalch, yn wych ar o*r*wydd,
68   [   ]
       A milgwn ieuanc, mêl a gwin newydd,
       A meirch a gynnail ym mreichi*u* gwinwydd,
       A neiaint a cheraint a chwiorydd—maeth,
72   A ll*a*m oer hiraeth llym *o*'r herwydd.

       Herwydd hiraeth boen am bennaeth
       A marwolaeth y mae'r wylaw;
       Troes Duw *a*laeth, ergyd oergaeth,
76   Oer gŵyn drystaeth a gawn drostaw
       Ac oer ochain llyf a llefain
       Adar truain wedi'*r* treiaw.

       Yn llwyr y'n llas, heb rym, heb ras,
80   Gan farw urddas g*wan*friw oerddig;
       Pob plwy', pob plas, pob tref, pob tras,
       Yn boen difas am bendefig.

       Gweled nifer gwlad y nefoedd
84   I'*w* ca*r*trefoedd, cariad rhyfyg,
       Anian truan yn ein tiroedd,
       A'i rodd ydoedd, ŵr urddedig.

       Mae'*n* fas *ein* hurddas, anhardded—yw'n gwedd,
88   Mawr yw'n gwaedd o'i fyned;
          Am ŵr, gallel mawr golled,
          Nis ennill grym, syn holl Gred.

       Gwae holl Gred, &c.

Ffynhonnell
LlGC 16964A, 123ʳ

Ymhellach ar y llawysgrif, gw. td. 125.

Darlleniadau'r llawysgrif

1 ..trymed termyn.. 7 ..dirwywy ynn.. 11 ..llei.. 15 gwae tiroedd.. 16 gweddw yw i bawb.. 19 ..ddoth 20 ..poen yw.. 24 ..vwy velwas 27 ..am ystor 32 ..nac o wir.. 33 ..chwarant.. 34 nidyd..blaiddvyw 38 ..llessiont.. 51 ..gledydd 65 ..am benoet 67 ..arr onwydd 70 ..ymreichiai.. 72 a llym..ar herwydd 75 ..olaeth.. 78 ..wedi treiaw 80 ..garw vriw.. 84 yw r katrefoedd.. 87 mae vas annhvrddas..

Moliant Rhys Rhyd o'r Castell Moel

Pwy'r gwrol piau'r gorau?
Pa un a dynn *p*en dy iau?
Rhys, wyd flodeuyn rhos haf,
4   Rhosyn, nid o'r rhai isaf.
Rhodd a gawn yn rhwydd gennyd;
Rho*es* Iesu radd i Rys Rhyd
Ŵyr Edwart o aur odiaeth
8   Mawr, at Rys, fal môr y traeth,
Llath Risiart *eu*rllwyth wresawg
O'r lle y caf Iarll y Cawg;
Gŵr at amod gair Tomas,
12   Gwnder, a'i ynn, gan dy ras.
Ti yw'r ganllaw, tŵr gwnllwyd,
Cadw'*n* iaith, coed Ieuan wyd.
Gruffudd ddewr, gorff y dderwen,
16   Nawclo sir, Nicolas hen,
Y dewr gorff, nid â o'r gwir,
Ail i odiaeth Elidir.
Ennill gair yt yn holl Gred
20   Yn rhygarw Urien Rheged.
Gŵr odiaeth *a* gair ydwyd,
Gwaywlym, â llin Gwilym Llwyd.

Elwy' lle fynnwy' finnau,
24   Di-ddwl ydyw'r meddwl mau.
Deellwch n*o*d ewyllys:
Nid â traed onid at Rys.
O'r Castell, hoyw *e*urgell hael,
28   Moel y try mawl y triael.
Gŵr yn dal grwn adeilad
Ar ordor teg ar dre'r tad,
Urddasrodd yw'r ddewisran:
32   Y tir a'r gw*e*irglodd-dir glân.
Heddiw mae yt haeddu mawl.
Haedda gariad hydd gwrawl.

	Syr Rhys d'ynys i'r oes dau,
36	Mae rhyw sôn i'm Rhys innau.
	Syr Hywel mewn rhyfeloedd
	A'i fwyall rym felly'r oedd.
	Syr Hu*w* yn ein sir hefyd,
40	Aros yr wyf Syr Rhys Rhyd.
	Nid gwaeth y mastrolaeth mau
	No'r hen wŷr fu'n rhoi'n orau:
	Ym mhob enw, ym mhob anian,
44	Cellwair Rhys, nid colli'*i* ran.

	Fy nghyngor i'r mawrior mau
	Yn f'einioes a wnaf finnau:
	Clyw'r iawn rhag coelio'r annoeth,
48	Calon dysg, calyn y doeth.
	Câr iawn a'r cywir uniawn,
	Clywed y gwir,—clod y gwan.
	Wythgan hoedl i'th ganheidlys
52	O fywyd traul fo yt, Rhys.

Ffynonellau

A—Bodley Welsh e 8, 28ᵛ B—Card 1.133, 251

Ymhellach ar y llawysgrifau, gw. tt. 123–6.

Amrywiadau

2 *AB* ..ben.. 4 *A* ..o rhay.. 5 *A* ..y gawn.. 6 *AB* Ro.. 7 *A* ..edwart ayr odiaith 9 *AB* ..ayr lwyth.. 12 *B* ..ai in.., *A* ..gan dras 13 *A* byw r.. 14 *A* kadw iaith.., *B* ..y iaith.., *A* ..Iefan.. 20 *A* ..rrygaraw feiren rreged 21 *AB* ..y gair.. 22 *A* ..a llew.. 25 *AB* ..na dyw wllys 26 *B* ..troed.. 27 *AB* ..ayr gell.. 29 *AB* ..grawn.. 30 *A* ..ar dre tad 32 *AB* ..gwair.. 35 *AB* ..deynys.., *A* ..y roes.., *B* ..yr oes.. 36 *A* ..ryw.. 39 *A* saer hy yn sir.., *B* saer hy.. 40 *A* ..y rwyf rys.. 41 *A* ..gwaeth maistrolaeth.., *B* ..meistrolaeth.. 42 *A* ..henwir.., *B* ..henwyr.. 44 *A* ..rys nad kolly rann, *B* ..nid colli rhan 45 *A* fynghynor.. 46 *A* ..y wna.. 47 *A* ..koelier.. 48 *A* ..kanlyn.. 52 *A* ..y fo..

18
Englynion i Ruffudd Dwnn a'i gartref yn Ystradmerthyr

Llys rydd ynn y sydd a wna sôn,—Ystrad,
Yw'n ostri, 'r holl feirddion;
Llys i'r Dwnn, llesáu'r dynion,
4   Llaw Dduw hael *sy*'n llwyddio hon.

Plas y bo urddas, beirddion—a'i cenmyl
Canmwy o englynion;
Cerrig adail Caer Gwydion,
8   Crest yw ar waith croestai Rôn.

Ni bydd *t*ra fo dydd ar don—y ddaear,
O ddiwedd f'englynion,
Neuaddlys tybus at hon;
12   Nid oedd i bobloedd Bablon.

Penadur â dur derwen—a gwiwlwyn,
[   ] golau wybren,
Gruffudd Dwnn graffaidd d'onnen,
16   Dêl ynn hap dy alw yn hen.

Gruffudd o'r breisgwydd, browysgad—blin *h*wrdd,
Blaenoraidd fu'ch hendad,
Bid oestraul bywyd Ystrad,
20   Breiniol *y*wch, barwn y wlad.

Ffynonellau
A—Llst 133, rhif 881   B—Llst 7, 331 (*y cwpled cyntaf yn aneglur iawn*)
C—Pen 313, 22   D—Card 2.6 [=RWM 13], 131   E—LlGC 96B, 54

Ymhellach ar y llawysgrifau, gw. tt. 123–6.

Amrywiadau
1 *ACDE* ..rhydd.., *DE* ..ym.., *B* ..ynn ssydd..yn ysdrad   2 *B* ynnosdri r.., *E*
yw hystori.. 3 *E* ..lleshair dynion 4 *E* ..ddyn hael yn llywyddiaw.., *A* ..Dduw
rym ai llwydd yr ion, *BCD* ..yn.. 5 *B–E* [5–20] 6 *A* can mwy.. 7 *A* ..gwdion
9 *A* ..dra.. 14 *A* [   ]eu goleu.. 17 *A* ..blinwrdd 19 *A* ..oes dreul.. 20 *A*
..uwch..

19
Cywydd merch

Y lloer ir, gorlliw'r eira,
Irfwyn yn dwyn arferion da,
Hardd wyneb hoywradd uniawn,
4   Hudoles wyd hoywdlos iawn.
Siriol, un bryd â seren,
Seinia' wawd i Sini wen.
Troi o loywder trwy wledydd,
8   Myn y gwir Dduw, mae'n gwawr ddydd;
Cannwyll ddidwyll urddedig,
Gloywder y fro, goldweir frig.
Dy dâl, ferch, da dylai fawl,
12   Degau wyneb digonawl.
Dy ddwy ael fain, diddwl fodd,
Dy olwg a'm dielwodd.
Dy wrid a ddeiryd yn dda
16   I ros neu win o'r Asia.
Gloywloer wyd, golau aur lamp,
Gwefusgoch ferch gwiw foesgamp.
Dy fwnwgl ar dwf iawnwych,
20   Da forwyn wyd, dwyfron wych.
Di-frych heirdd yw deufraich hon,
Delw gannaid dwylo gwnion.
Dy feinwasg ar dwf uniawn,
24   Dy ryw gorff diorwag iawn,
Dy wndroed diewindro,
Dy gorff a yrr dyn o'i go'.

Diolch i Fair, ben crair Cred,
28   Ar dy lun, wawr, dy laned.
Nid ydoedd, fal y dwedent,
Mor lliwus gorff Iarlles Gent.
Fo'th luniwyd fal wrth linyn
32   —GwiwDduw Tad y gwyddiad hyn—
Yn berffeth, fêl eneth lân
Ddiwgus, yn ddiogan;
Yn ddistaw; er llwyddiaw lles
36   Doethineb Duw a'th ddonies.

Duw, ni weles dyn alawnt
Mor wen dan lien o lawnt.
Ail y'ch caed Elen ferch Coel,
40 Un wen, a'r seren sirioel.
Parod awdurdod air da,
Pur yw d'ofeg, pryd Efa.

Haul Gaer, rywioglaer wiwglod,
44 Fyrddin, clud fardd a wna clod.
Pennes a gawn pan wisg iad,
Pert riain yw'r portread,
A'th alw yn wen, a'th liw'n iach;
48 Duw ni luniodd dyn lanach.
Nid glanach, nod goleuni,
Morwyn wen yn fy marn i.
Gloyw iawn gorff, glana' i gyd,
52 Gwawr wybren i'w goreubryd.
Fy Nuw, hael fu 'neheuwlad,
Pennaeth y gwir, pan y'th gad.
Pob rhyw fardd pybyr ei fin
56 Â gair myrdd o gaer Myrddin,
Parod addysg prydyddawl,
Ac yn ei fyw, o gwna fawl,
Am un wen er fy mwyn i
60 Na sonied ond am Sini.

Ffynonellau
A—LlGC 643B, 35ʳ B—LlGC 2691D, 199 C—CM 449, 40ʳ D—Card
4.156 [= RWM 64], 307ʳ

Ymhellach ar y llawysgrifau, gw. tt. 123–6.

Amrywiadau
1 *A* ..orlliw r.., *B* ..vnlliw r.., *C* ..o lliw r.. 2 *D* erioed.. 4 *D* ..hoywdlws.. 6 *A*
i senna wawd.., *B* i seiniaw wawd.., *C* y seinia.., *D* seinia i wawd.., *B* ..fini..
(> Siani), *D* ..Siani.. 7 *B* ..lwywder.. 8 *A* ..gwŷr dduw.. 10 *A* ..gowldwier..,
D ..goldaur.. 11 *ACD* ..dylav.., *B* ..da i dylav.. 13 *D* ..ddiwael fodd 16 *D*
..yr assia 18 *A* ..gwefysgamp 20 *ABC* ..a dwy.. 21 *A* di freich.., *D* ..hardd..
22 *C* ..gwynnion 25 *D* dy wndraed.., *C* ..wyndroed.. 28 *ABC* ..lin.., *D*
..liniau dy laned 30 *A* morr llwyd.., *ABC* ..korff..kent, *D* ..Gwent 32 *A* ..o
gwydded.., *D* ..da gwyddiad.. 34 *A* ddywgys.., *D* yn ddi wg.. 35 *ABC*
..llwyddaw.., *D* ..yn llwyddaw.. 37 *D* ..welais.. 38 *D* ..y lawnt 40 *D* ..wenn
fal.. 41 *B* ..awdyriawd.., *D* ..or da 43 *A–D* hael.., *D* ..rywiog glaer.. 44 *D*

..clyd..wnae.. 45 *D* poenus a gwn pan nas gad 46 *D* bert Riain dy bortreiad 48 *D* Duw a luniwyd dy lanach 52 *A–D* ..oi.. 53 *A–D* ..fy.. 54 *D* peniaith y gwir pan nath gad 58 *B* ..i gwna.., *D* ag yn fyw y gwna i fawl 60 *D* na sonniwch.., *CD* ..Siani

Moliant Siôn Fychan ap Siôn ap Huw

Y carw eurfraint cywirfron,
Mor wych â Ffwg march a ffon,
Gŵr â mawl iarll, grymiol wedd,
4   Gwisg henaur, gosawg Gwynedd,
Siôn Fychan, wyth ran i'th rôl,
Siôn Huw, eryr synhwyrol.
Gwreiddyn o Siancyn a Siôn
8   A gadeiriodd goed irion;
Ifan oedd ddwys ofn ei ddur,
Hynod odiaeth hen Dudur;
Brig ystil ieirll, breugost lawn,
12   Bonedd Iorwerth ab Einiawn.

Llin Derwas, llawn awdureth,
Ydwyt ti, Siôn, hyd at Seth.
Llwyr gariad rhois arnad serch,
16   Llwyn o ruddaur llin Rydderch.
Glain diofal glân a dyfawdd,
Gwreiddyn o'r Tywyn, aur tawdd.
Can mil aent i'ch canmol, iôr,
20   Coed rhyw Wgant, caut ragor.
Gwiwddawn waed Gwyddno ydwyd,
Elffin at air, Olffant wyd.
Iach Meilir uwch y'i molynt,
24   Ac o'r un gwaed Gronwy gynt.
Bleddyn o Gynfyn a gad,
Breuffrwyth tylwyth yw'r taliad.
Llin wyth gyff, llawen y'th gânt,
28   Llawdden; Duw a ro llwyddiant.

Tynnu i'r allt fal tân yr ych,
Tid aur waed Tewdwr ydych.
Dy ran, er gwŷr, dewrion, gant,
32   O'th ewinedd ni thynnant.
Gŵr offis yw dy gorff, Siôn,
I'r gwrol biau'r goron.

Cair i ti radd o'r cwrt draw,
36   Cun diorwag, cawn d'euraw.
Dy air yw'r sêl ar dir, Siôn,
Digilwg yw dy galon.
Dwrn Ifor, dewr iawn afael,
40   Da egin hydd, digon hael.

Dysgais hyn, diesgus wyf,
Dwyn gair y dyn a garwyf:
Nid gwell gŵr no'r milwr mau,
44   Nid dewrach o naturiau.
Dig y sy drwy dy gas draw,
Difaeliad oedd dy filiaw.
Cyfion a gwych, cefnog wyd,
48   Caredig i'r câr ydwyd.
Magu'r dawn mae gair dynion;
Mae gair sy uwch? Ymgroes, Siôn.
Eich gair a gaf uwch gwŷr, gant,
52   A'ch rhoddion ni chyrhaeddant.
Pob rhyw fardd, pob rhai a fu,
Wyth fil aen' i'th foliannu.
Ergyd gwawd er gado gwŷr
56   Eto fwriais yt, f'eryr.
Dewinfardd wyf diwanfael
I fawrhau ail Ifor Hael.
Mawr yw dy gost Morda' gynt,
60   Nudd hael, yn niwedd helynt.
Carw diwagfraint c'redigfron,
Cyd â Seth y cei oed, Siôn.

Ffynonellau

A—Llst 125, 325   B—BL Add 31071, 132[r]

Ymhellach ar y llawysgrifau, gw. tt. 123–6.

Amrywiadau

5 *B* ..ith ol 8 *A* i.. 10 *AB* ..odieth.. 13 *A* ..awdvraeth, *B* ..awdurieth 15 *AB* ..rhoes.. 17 *AB* ..glan dyfawdd 19 *AB* ..ent.. 20 *AB* ..cavd.., *B* ..rhagor 21 *A* ..Gwddno.. 23 *AB* ..i molynt 50 *B* ..ymgres.. 56 *B* atto.. 62 *AB* ..Seth cei..

21
Moliant Gruffudd Dwnn

Y gŵr irwych goreurym
A dyr llid â durwayw llym,
F'ystôr ym wyd, feistr y mawl,
4   Gruffudd, far onwydd freiniawl.

Ffynhonnell
LlGC 3063E [= Mos 184], 116[r]

Ymhellach ar y llawysgrif, gw. td. 125.

22
Englyn i Lewys Môn

Lewys, difregus freugerdd—odidog,
      Rhaid yw d'adu'n bencerdd,
      Merion, cry' eigion croywgerdd,
4   Meddiant a gwarant y gerdd.

Ffynonellau
A—Pen 313, 258 B—LlGC 96B, 55 C—Card 2.6 [=RWM 13], 132

Ymhellach ar y llawysgrifau, gw. tt. 123–6.

Amrywiadau
2 *B* ..yw dodi yn..   3 *B* meirion kredigion.., *C* meirion kreigion..   4 *B* ..gwanant..

Nodiadau

1

Cywydd marwnad i Rys ap Hywel ap Rhys o Fodowyr ym mhlwyf Llanidan, Môn. Ceir ei ach yn WG1 595; WG2 1157; PACF 51; L. Dwnn: HV ii, 207–8, a dangosir ei fod yn perthyn i lwyth Llywarch ap Brân (ll. 26). Lluniodd ei ewyllys 18 Tachwedd 1538, ac fe'i profwyd y mis Ionawr dilynol, gw. Dafydd Wyn Wiliam, *Y canu mawl i deulu Bodowyr* (Llangefni, 1989), 7, 39. Canodd Lewys Daron gywydd moliant i Rys (gw. Dafydd Wyn Wiliam, *op.cit.* cerdd 1; GLD 15), ond Mathau, hyd y gwyddys, a ganodd yr unig farwnad iddo, a hynny, yn ôl tystiolaeth y nodyn ar waelod y cywydd yn LlGC 3057D [= Mos 161] *oedran Jesv mil a ffymkant ac namyn vn deigiain ofiawn mis tachwedd*. Os felly, fe'i lluniwyd ryw ddeg mis ar ôl claddu'r gwrthrych.

2 **ei roi** Yn ll. 23 yr enwir Rhys am y tro cyntaf, ond bernir mai ato ef y cyfeiria'r rh. yn yr ymadrodd hwn, ond cf. y darlleniad *ei rhoi* yn llsgrau. CEF (sy'n cryfhau'r gynghanedd); y rh., o dderbyn y darlleniad hwn, yn cyfeirio yn ôl at *wlad brudd* y ll. agoriadol.

7 **gwyddir** Ffurf amhrs.pres.myn. y f. *gwyddo* 'tyfu'n wyllt drachefn (yn enwedig am dir wedi ei drin), gadael (tir) heb ei aredig', gw. GPC 1754.

9 **gwelen** Bernir mai ffurf 1 ll.amhff.myn. y f. *gweld* sydd yma yn hytrach na ffurf 3 ll. Gwelir i'r bardd ddefnyddio ffurf 'lafar' y terfyniad ar achlysuron eraill. Trafodir nodweddion llafar y canu yn y Rhagymadrodd, gw. tt. 10–11.

13 **gwedros** Yr oedd yn enw ar gawr yn ôl Dafydd Wyn Wiliam, *op.cit.* 40, gan ddilyn RWM i, 724, ond tebycach mai'r gair cyfansawdd *gwedr* + *rhos* sydd yma. Ar yr elfen gyntaf, gw. GPC 1609 lle y cynigir ei fod yn amrywiad ar *gwydr* fel a. yn yr ystyr 'gloyw'. Priodol iawn fyddai'r ystyr honno yn y llau. hyn lle y cyfosodir y llawenydd a'r goleuni pan oedd Rhys yn fyw ar y naill law a'r tristwch a'r tywyllwch a gafwyd yn dilyn ei farw ar y llaw arall.

Wyth sillaf yn y ll. (oni chywesgir *yn nos* yn unsill, a sylwer ar ddarlleniadau CEF).

17–18 Y mae'r cwpled hwn yn agor y farwnad a ganodd y bardd i Hywel ap Dafydd o Nannau, gw. 10.1–2.

21 **yr Ynys Dywell** Am gyfeiriadau pellach at yr e. hwn ar Fôn, gw. GSH 14.14n.

23 **y gwrdd** Rhannwyd y ddau air ym mhob copi ond gellid diwygio yn *agwrdd Rys*.

30 Camosodiad m.n = n.m.

34 **Huw** Mab Rhys o'i wraig gyntaf, Mallt ferch Dafydd. Fe'i ganed tua 1494 a bu farw yn 1565. Bu yntau'n noddi beirdd, fel ei dad o'i flaen, gw. bellach Dafydd Wyn Wiliam, *Y canu mawl i deulu Mysoglen* (Llangefni, 1997).

35 **planed** Trosiad a ddefnyddir yn fynych yn y canu defodol wrth ddisgrifio'r gwragedd bonheddig, gw. A. Cynfael Lake, 'Delweddau Lewys Daron', *Dwned*, i (1995), 89–97, ond yn fwyaf penodol td. 95. Dengys y treiglad i'r e. sy'n dilyn y fannod mai eb. ydyw *planed* ac o'r herwydd disgwylid *planed dda*, cf. TA LXXI.20 *Ble nodai Dduw blaned ddu*. Diau fod yma enghraifft o galedu *d + dd > t* (gw. y drafodaeth yn Treigladau 25–6 er mai cyfansoddeiriau sydd dan sylw yn y fan honno), a cheir ll. hynod o debyg gan Lewys Glyn Cothi, gw. GLGC 222.57 *I'w plant oll rhag planed dig*.

37 **Ales** Trydedd wraig Rhys oedd hi, a merch Dafydd ab Ieuan ap Madog o Faen-y-dryw yn Llaneilian, gw. WG2 305.

41 **pâl** Yr ystyr amlwg yw 'rhaw', ond gw. hefyd GPC 2671 d.g. *pâl*[3] 'mantell; lliain i'w roddi dros arch, elor', &c.

47–50 **ei frawd ... Mredudd** Ei hanner brawd, mewn gwirionedd, oedd Maredudd ap Tomas ap Maredudd o Borthaml, teulu arall yr oedd croeso i feirdd ar ei aelwyd, gw. Dafydd Wyn Wiliam, *Y canu mawl i deulu Porthaml* (Llangefni, 1993). Plentyn o briodas gyntaf Angharad, merch Hywel y Farf, â Thomas ap Maredudd, oedd Maredudd, a ffrwyth ei hail briodas â Hywel ap Rhys oedd y Rhys a farwnadwyd gan Fathau Brwmffild, gw. WG2 1005, 1156.

51 Yngenir yr e. lle *Porthaml* yn deirsill yma. Diau fod y bardd yn chwarae ar yr e. hwnnw a'i ystyr lythrennol, yn union fel y gwnaeth Lewys Morgannwg wrth foli Wiliam Fychan o Borthaml yn Nhalgarth, gw. Llst 164, 153 *porth aml plas i bob nasiwnn / porth mawr rydd porth mair i hwnn / aml clod ar davod bob dydd / aml llynn mawl a llawenydd*.

52 **digoniant** 'Cyflawniad; gwrhydri; gorchest; rhagoriaeth', gw. GPC 999, ond diau mai 'man neu gyflwr sy'n bodloni neu yn diwallu' yw'r ystyr orau yma, gw. GPC 998 d.g. *digonaf* (c).

53 Gellid darlleniad arall: *O Fair, o troes ynn far trwm*.

55 Deusill yw *marw* yn y ll. hon.

59 **awch** Rhoddir iddo'r ystyron 'miniogrwydd, llymder; treiddgarwch; tanbeidrwydd' yn GPC 237. Ystyr megis 'gloes, ing' sy'n gweddu orau yma ac yn 16.66.

chwech ynys Ar ddefnyddio'r ffurfiau *pump* a *chwech* o flaen enwau sy'n dechrau â llafariaid, gw. Treigladau 134.

60 **achlod** 'Cywilydd, gwarthrudd', gw. GPC 8. Yn llsgr. B yn unig y ceir y darlleniad hwn.

62 **trŵn** 'Gorsedd [Dduw]', sef y nefoedd.

63 *n* wreiddgoll.

2

Rolant Gruffudd o'r Plasnewydd ym Môn a gyferchir yn y cywydd cymod hwn. Bu'n siryf Môn ar dri achlysur—yn 1541, 1548 a 1553. Ei dad oedd Robert Gruffudd ap Wiliam (neu Wilym) Gruffudd Fychan, y siambrlen cyntaf, ap Gwilym ap Gruffudd ap Gwilym, gw. WG2 1265–6; PACF 56; L. Dwnn: HV ii, 130–1 (gw. hefyd y ddau gwpled ychwanegol yn llsgr. A lle yr enwir *y tri gwilim*). Ganed Rolant tua 1490 a bu farw yn 1553; profwyd ei ewyllys 5 Gorffennaf y flwyddyn honno, gw. Dafydd Wyn Wiliam, *Y canu mawl i deulu Plasnewydd* (Llangefni, 1992), 1, 52. Cynnwys casgliad Dafydd Wyn Wiliam ugain cerdd i deulu'r Plasnewydd a ganwyd rhwng 1474 a 1600, ac yn eu plith ddwy farwnad i wrthrych y cywydd dan sylw o waith Siôn Brwynog a Simwnt Fychan (*ib.* cerddi VIII–IX). Seiliwyd testun cywydd cymod Mathau Brwmffild yn y detholiad ar ddwy ffynhonnell—ni welodd y golygydd CM 114. Yn hon yn unig y digwydd chwe chwpled cyntaf y cywydd.

Hoff gan y bardd ailadrodd llinellau ac weithiau gwpledi cyfain. Aeth gam ymhellach yn y ddau gywydd cymod a luniodd oblegid digwydd 34 llinell, a hynny yn yr un drefn, yn y cywydd hwn, a thrachefn yn y cywydd cymod i'r Doctor Elis Prys, Plasiolyn (gw. cerdd 9). Golyga hynny mai 20 llinell 'wreiddiol' a welir yn y cywydd i'r Doctor Coch; ceir 34 yn y cywydd i Rolant Gruffudd.

Anodd esbonio cymhellion y bardd wrth iddo ddewis ailadrodd cynifer o linellau yn y ddau gywydd. Gall yr hyn a wnaeth awgrymu nad oedd i gywyddau defodol bardd digon symol megis Mathau Brwmffild gylchrediad helaeth, ac na fyddai ei glodydd i un noddwr yn cyrraedd clyw noddwr arall mewn sir arall, fel yr awgrymodd D.J. Bowen yn ddiweddar:

> Yr oedd cywyddau unigol pob bardd wedi eu bwriadu ar gyfer gwahan-ol uchelwyr … ac o dan amgylchiadau o'r fath ni buasai gŵr o Fôn yn ymwybodol o hynny petai cywydd a ddatgenid wrth ei ford dâl ef namyn cyfaddasiad o gywydd a oedd eisoes wedi ei gyflwyno mewn nifer o neuaddau, gyda'r lleiafswm o newidiadau (megis manylion achyddol).

Awgrymodd ymhellach, 'tebyg mai tuedd y mân feirdd fyddai bod yn efelychiadol'. (Gw. D.J. Bowen, 'Beirdd a noddwyr y bymthegfed ganrif', LlCy xviii (1994–5), 247.) Yn yr achos hwn, efallai fod bwlch o rai blynydd-oedd rhwng cyfansoddi'r ddau gywydd cymod. Posibilrwydd arall yw fod yma ailadrodd bwriadus, a bod y bardd yn ceisio cymod dau noddwr a ddigiwyd o ganlyniad i'r un digwyddiad. Ac os felly, gellir cynnig iddo lunio cnewyllyn cywydd cymod, a'i addasu trwy gynnwys ynddo fanylion personol am y ddau ŵr y deisyfid eu cymod.

Bardd arall a hoffai ailadrodd llinellau a chwpledi cyfain oedd Lewys Daron. Dewisodd ef gloi dau o'i gywyddau â'r un llinellau (gw. GLD cerddi 6 a 19), ac yr oedd ei weithred yntau yn un dra dadleuol gan fod cryn elyniaeth rhwng teuluoedd y ddau ŵr a gyfarchwyd ganddo, sef y Doctor Wiliam Glyn, Glynllifon, a Robert ap Rhys, Plasiolyn, tad un o'r gwŷr y ceisiodd Mathau Brwmffild ei gymod.

3 Cyfatebiaeth d..t = t.

6 **Menai** Yn y cwmwd hwn yr oedd plwyf Llanidan lle y safai'r Plasnewydd, gw. WATU 111. Diau fod yma amwysedd bwriadol. Rhwystra dicter Rolant Gruffudd y bardd rhag mynd i gwmwd Menai, ac y mae Afon Menai, hithau, yn dramgwydd pellach.

7–8 Cymerwyd mai'r cys. *ban* sydd ar ddechrau'r frawddeg ond gellid yr a. *ban* 'uchel, trystfawr', gw. GPC 253: '[Testun cwyn] uchel … oedd cyni Adda [a'i] frwydr.'

8 Deusill yw *brwydr* yn y ll. hon.

9 **'deiliad** 'Deiliad' yn hytrach na 'gwneuthurwr', gw. GPC 16 d.g. *adeiliad*[1,2], ond y mae *adeiliad* hefyd yn amr. ar *adeilad*, a phriodol yr ystyr 'cynnydd moesol a meddyliol, hyfforddiant, lles', gw. GPC 15.

11 *f* led-lafarog.

13 **gwlad Ebron** Un o'r dinasoedd a roddwyd i lwyth Aser, gw. *Geiriadur Beiblaidd* (Wrecsam, 1926), 472. Cynrychiola fangre ddethol a dymun-ol. I Lyn Ebron yr alltudiwyd Adda ac Efa, gw. GEO 3.50–2 *Angel Duw yng ngolau daith* / *A'u gyrrodd hwy o'u gradd hon*, / *Lên abrwys*', i *Lyn Ebron*.

15 **hwyrddrem** Cyfuniad o *hwyr* + *drem* (sydd, yn ôl GPC 1085, yn amr. ar *trem*).

16 Twyll gynghanedd *d*.

17 **câi enw** Gellid yr e.p. *Cai* yn hytrach na ffurf 3 un.amhff. y f. *cael*.

21 **absen** 'Absenoldeb', ond diau fod yma amwysedd bwriadol. Ei ail ystyr yw 'drygair neu anghlod a fwrir ar ddyn yn ei gefn', gw. GPC 4 a *diabsennawg* (7.13).

27 **coed rhwyddiach** Cyfatebiaeth d..r = -d rh-, ond efallai y dylid adfer darlleniad llsgrau. AB, a chymryd bod y bardd yn trin yr e.c. mewn ymadrodd genidol ll. yn yr un modd ag e.p. mewn ymadroddion megis *coed Rys* (13.20), *gwreiddion Rydderch* (14.22).

28 Camosodiad a chyfatebiaeth f.m = n.f.

32 **Ifor** Ifor Hael, noddwr a chyfaill Dafydd ap Gwilym. Trafodir cyfeir-iadau'r beirdd at Ifor yn y canu i deuluoedd a oedd yn arddel cyswllt gwaed ag ef yn ysgrif Eurys Rowlands, 'Ifor Hael', Traeth, 1981, 115–25, ond dangosir hefyd fod Ifor erbyn y 15g. a'r 16g. yn symbol cyffredinol o nawdd a haelioni.

34 Twyll gynghanedd *dd*.

37 **Cristoffus ac Erclus** Parodd y ddau e. gryn benbleth i'r copïwyr (ond ni ddigwyddodd hyn yn 9.41–2 lle yr ailadroddir y cwpled). Cyfeirir yn fynych at y ddau gymeriad yn y cywyddau cymod am iddynt ill dau ddwyn beichiau sylweddol. Gw., e.e., GGl² XXVII.1–4 *Sain Cristophr a fu'n offrwm, / Yn dwyn Crist megis dyn crwm. / Er dwyn baich awr dan y byd / Y safodd Ercles hefyd.*

39 Twyll gynghanedd *g*.

40 *n* wreiddgoll neu *f* led-lafarog.

44 Cyfatebiaeth -s c- = sg. Ond y mae'r gyfatebiaeth yn rheolaidd yn 11.37 *Llawes gwaith lliw ysguthan.*

45 **Annes** Ei wraig gyntaf yn ôl WG2, ond ei ail wraig yn ôl PACF. Dywed Dafydd Wyn Wiliam i Gatrin, merch Maredudd ab Ieuan o Wedir a gwraig gyntaf Rolant Gruffudd, farw tua 1517 (hi yn unig a enwir yn L. Dwnn: HV), ac iddo briodi Annes, merch Morus ap Siôn, Clenennau. Goroesodd hi ei gŵr, ac yr oedd yn dal yn fyw yn 1562, gw. Dafydd Wyn Wiliam, *Y canu mawl i deulu Plasnewydd* (Llangefni, 1992), 1, 52. Cais y bardd sicrhau cymod Rolant Gruffudd drwy eiriol ar ei wraig, fel y gwnaeth Guto'r Glyn yn ei gywydd yntau i Ieuan Fychan ab Ieuan ab Adda o Bengwern, gw. GGl² XXVII.

52 **Gruffudd ap Cynan** Perthynai'r ddwy wraig i'r un tylwyth, ac yr oeddynt ill dwy, felly, yn ddisgynyddion i Ruffudd ap Cynan.

55 **rhwymawr** Naill ai *rhwym + mawr* neu *rwym + gawr* 'bloedd, dolef', gw. GPC 1385–6.

56 **bwrw** Gair deusill yma.

57 **tylodach** Defnyddir y ffurf ddeusill *tylawd* ar sawl achlysur gan y bardd, gw. 4.65, 13.59 (ailadroddir yr un ll. yn y ddau gywydd) a cf. y ffurf *tylodion* isod 7.81 ac yn GSH 14.77.

59 *f* led-lafarog.

61 **gerwin** A. 'garw, llym, creulon, caled', gw. GPC 1395, ond â grym enwol yma.

   r berfeddgoll.

62 **dôi rhew** Treiglo goddrych bf. 3 un.amhff. yw'r arfer, gw. Treigladau 214, ond diwygiwyd darlleniad yr unig lsgr. er mwyn cryfhau'r gynghanedd.

63 **hylew** Awgrymir yn GPC 1967 mai *hy* + *glew* yw'r ddwy elfen yn y cyfansoddair, ond gall hefyd mai *llew* yw'r ail elfen.

3

Cywydd i erchi march gan Rydderch ap Dafydd o Fyfyrian yn Llanidan. Ceir ei ach yn WG1 531; WG2 1042; PACF 115; L. Dwnn: HV ii, 136, sef Rhydderch ap Dafydd ab Ieuan ab Ednyfed ap Gruffudd ap Llywelyn Ddu. Fe'i penodwyd yn siryf Môn ym mis Tachwedd 1544, gw. LSEW 236.

 7 **mau ogoniant** Diau mai camgopïo'r hyn a glywyd sy'n esbonio'r darlleniad *mae ogoniant* yn y tair llsgr.

 9 Ll. y mae'r bardd yn dra hoff o'i harfer. Fe'i gwelir ar achlysuron eraill, yn 14.21, 20.15.

10 **Lleon** Fe'i henwir ym Mrut y Brenhinedd. Mab Brutus Darian Glas ydoedd, a *gvr a garvs hedvch*, gw. BD 25; WCD 407.

11 Ychwanegwyd y rh. ond gellid *mwy fudd*. Ar dreiglo'n feddal yr e. sy'n dilyn *mwy*, gw. Treigladau 48.

   Bai crych a llyfn. Gellid cryfhau'r ll. o'i diwygio yn *Mab Dafydd, ufudd Ifor.*

14 **Llywarch** Perthynai Gwenllïan, gwraig Ieuan ab Ednyfed, i lwyth Llywarch ap Brân.

22 *n* wreiddgoll.

23–4 Awgrym mai yn ystod tymor siryfiaeth Rhydderch y canwyd y cywydd.

28 **Marsli** Gwraig gyntaf Rhydderch ap Dafydd, a merch Wiliam ap Gruffudd ap Robin, Cwchwillan.

31 **Robin** Robin oedd taid Marsli, ac felly diwygiwyd *Robert* y llsgrau.

33 **arail** Rhoddir iddo'r ystyron 'llochesu, meithrin, diwyllio' yn GPC 190, a gweddai hynny yn y cyd-destun. Diau mai ailadrodd y gair sy'n digwydd yn y ll. flaenorol, a hynny mewn cynsail gyffredin, sy'n cyfrif am ddarlleniad y tair llsgr.

34 **cnöwr** Deusill yw'r gair yn yr enghreifftiau a ddyfynnir yn GPC 522, ond os yw'r ll. hon yn rheolaidd o ran ei hyd, rhaid derbyn bod y bardd yn trin *cnowr* fel pe bai yn air unsill yma.

35 **rhŷwr** 'Gŵr mawr neu gadarn', gw. GPC 3148. Wyth sillaf yn y ll. Tybed a yw'r bardd yn trin y gair hwn drachefn fel pe bai yn air unsill (cf. ll. 34n.)?

cwymp 'Naid, llam' yw'r ystyr sy'n taro yma, ond nis nodir yn GPC 652–3.

Cyfatebiaeth n = m.

37 Disgwylid gair cyfansawdd *cadrffwrch*, a gw. llsgrau. AC; ond rhaid rhoi acen annibynnol ar y ddwy elfen i osgoi'r bai crych a llyfn yn y gynghanedd sain. Yn yr un modd, disgwylid *braffwawd* (uchod ll. 20).

Gair deusill yw *ceidw* yn y ll. hon.

38 **corffol** 'Mawr o gorff', gw. GPC 559. Y mae darlleniad llsgr. B yn llawer mwy ystyrlon na *cernffol* llsgrau. AC ac yn gryfach o ran y gynghanedd (ceir *n* berfeddgoll o ddarllen *cernffol*).

39–40 'Oes [un] milgi a fydd yn gadael [ar ei ôl] ar ei lwybr bennaeth tal, parod, a chanddo egwydydd?'

41 Gwelir bod yma ddwy gynghanedd, ond nid yw'r naill na'r llall yn gwbl reolaidd. Os cynghanedd sain, rhaid derbyn bod yma gyfatebiaeth caled a meddal c = g. Os cynghanedd draws (y gellid ei chryfhau o ddiwygio *iddynt* yn *uddun*), ceir ynddi *r* wreiddgoll ac *n* berfeddgoll.

42 *r* wreiddgoll.

43–6 **Arndel .. Iorus .. Ffwg** Lluniodd y bardd driawd newydd ar ddelw 'Trioedd y Meirch' a gofnodwyd yn Llyfr Coch Hergest (gw. *Y Mabinogion* ed. John Rhys (Oxford, 1887), 306–8) ac mewn ffynonellau eraill. Am drafodaeth ar y dosbarth cynnar hwn o drioedd, gw. Rachel Bromwich, 'The Triads of the Horses', *The Horse in Celtic Culture*, ed. Sioned Davies & Nerys Ann Jones (Cardiff, 1997), 102–20. Prin yw'r cyfeiriadau at y meirch hyn yng nghanu'r Cywyddwyr, er i Dudur Aled enwi un ohonynt, sef Du'r Moroedd, ar ddau achlysur, gw. TA C.75, CII.59–60. Arwyr brodorol yw perchenogion y meirch a goffawyd yn y trioedd, ond tri arwr estron a ddygwyd ynghyd yn y llinellau hyn. Yr oedd enwau Ffwg ac Iorus yn gyfarwydd i gynulleidfa'r beirdd, ond yr hyn sy'n ddiddorol yw fod sawl cyfeiriad mewn cywyddau i erchi meirch at arwyr enwog (ond heb enwi eu meirch) fel pe bai rhyw chwedlau coll amdanynt, a digwydd enwau Ffwg ac Iorus, ac Arndel yntau, yn y cyswllt hwn, gw., e.e., GGl² XXII.49 (Ffwg), LXXXVII.46–57 (Ffwg a Siors); GLM LXXV.31–4; TA XCVIII.63–4 (Arndel). Enwir dau o'r cymeriadau hyn drachefn yn yr un math o gyd-destun mewn dau gywydd arall o waith y bardd, gw. 11.32 *Sinsur o farch Sain Siôr fawr*, 20.2 *Mor wych â Ffwg march a ffon*.

43 **Arndel** Bu'r teulu yn rheoli arglwyddiaeth Croesoswallt, gw. y tabl 'Daliadaethau prif Arglwyddi'r Mers' yn HCym 107.

46 **Ffwg** Syr Fulk Fitz Waren; ffigwr hanesyddol a droes yn arwr chwedlonol, gw. DNB vii, 223–4 a GGLl 11.57n.

hoffáu 'Edmygu, ymhoffi'. I ddiwedd yr 16g. y perthyn yr unig enghraifft a gofnodir yn GPC 1886.

51 **ystyriwr** Rhoddir yr ystyron 'cosbwr, dialwr; prisiwr, talwr adref' yng ngeiriadur Thomas Wiliems, sef Pen 228. Ond gall mai'r e. *ystŵr* + (*i*)*wr* sydd yma. Cofnodir y be. *ystwriaw* '*to make a bustle or stir*' gan W. Owen Pughe, *A dictionary of the Welsh Language* (Denbigh, 1832), ii, 626, a gweddai'r ystyr 'creadur swnllyd, trystfawr' yn y cyd-destun.

52 Twyll gynghanedd *l.*

54 *n* wreiddgoll.

55 Cynghanedd sain bengoll.

Chwe sillaf yn y ll. (oni chyfrifir *chlÿwn* yn ddeusill).

56 **eitha' Fôn** Enghraifft o dreiglo e.p. yn dilyn eg. mewn cyfuniad genidol. Trafodir y gystrawen isod, 13.20n.

r berfeddgoll.

57 **tarfod** Amrywiad ar *tarfu* 'gwasgaru'. Nis rhestrir yn GPC 3449, ond digwydd yn TR d.g. *tarfu*.

4

Cywydd moliant i Syr Wiliam Gruffudd ap Syr Wiliam Gruffudd ap Wiliam Gruffudd Fychan ap Gwilym ap Gruffudd ap Gwilym, gw. WG1 673; WG2 1268; PACF 185; ByCyAt 95–6; Eurys I. Rowlands, 'Tri Wiliam Gruffudd', LlCy ii (1952–3), 256–7. Fe'i penodwyd yn siambrlen gogledd Cymru yn 1508 a'i urddo yn farchog yn 1513. Bu farw 1531.

1 Disgwylid *rodio'r byd*, ond yn fynych bydd ymadrodd y disgwylid iddo dreiglo yn cadw'r gysefin pan ddigwydd ar ôl yr orffwysfa ac ar ddechrau ail ran ll. ac ynddi gynghanedd gytsain. Cf. 15.18 *Cludem i hwn clod ymhell*.

2 **cof** Disgwylid i'r beirdd feistroli tri chof, sef hanes, achau ac amlder Cymraeg, gw. G.J. Williams, 'Tri Chof Ynys Brydain', LlCy iii (1954–5), 234–9. Yma ymddengys mai'r ystyr 'dysg, hyfforddiant' sydd i *cof*, ac felly o bosibl yn 3.19 a 11.47, ond yr ystyr gyfarwydd 'coffadwriaeth' sy'n gweddu yn 6.66 ac 8.26.

5–14 Digwydd y llau. hyn yn y cywydd i Risiart ap Rhys, Gogerddan, gw. 14.1–4, 7–12.

9 **Morda', Ifor ... Nudd** Nudd, Mordaf a Rhydderch oedd y tri hael traddodiadol, gw. TYP² 5–6, 463. Ni chyfeiria Mathau at yr olaf o gwbl (ond gw., o bosibl, 6.39n). Cymerwyd ei le yn y triawd gan Ifor ap Llywelyn (Ifor Hael) o Wernyclepa, noddwr Dafydd ap Gwilym. Enwir y tri hyn drachefn yn 5.13–16, 20.58–60.

20 **Siason** Llsgrau. BC *Samson*, ac fe'i henwir ar achlysur arall, gw. 13.22, ond gwyddai'r beirdd am yr arwyr clasurol yr adroddid eu hanesion yn y Dares Phrygius. Am gyfeiriadau at Siason, gw. GLGC 158.39; GGl² LXX.30; GGH 7.9. Pennaf camp Siason oedd ennill y cnu aur, gw. OCD³ 793. Cyfeiria Siôn Ceri at y cnu, gw. GSC 8.8, 37.57, a chyfeiria Gwerful Mechain at y modd y twyllodd Siason Medeia wedi iddi ei gynorthwyo i gyflawni'r tasgau a gafodd, gw. GGM 3.41.

21 Yr odl yn mynnu'r ffurf lafar *tebygolieth*.

32 **od** 'Anarferol neu hynod o ran gwedd, cymeriad,' &c., gw. GPC 2616, ond yn fynych â grym enwol. Ailadroddir y ll. yn 13.58.

33 **coffaen** Cymerir mai'r terfyniad 1 ll.amhff. sydd yma, megis yn ail fraich y cwpled, a cf. 1.9 lle y defnyddir y terfyniad llafar *-en* i gynrychioli'r un person a'r un amser, ond ystyrlon hefyd fyddai'r 3 ll.amhff.

35 **Siân** Gwraig gyntaf Syr Wiliam Gruffudd oedd Siân Stradling, ac fe'i marwnadwyd gan Lewys Daron (gw. GLD 10), Lewys Môn (gw. GLM XL) a Thudur Aled (gw. TA XI). Dathlodd Lewys Môn (gw. GLM XLI) ail briodas Syr Wiliam Gruffudd â Siân, merch Siôn Pilstwn Hen ac Elen Chwitnai (ll. 39), gw. WG2 1454, 1748; PACF 275. Merch Robert Chwitnai oedd Elen. Gwraig gyntaf Robert oedd Constans, merch Arglwydd Awdlai (ll. 39), ond Elsbeth, merch Tomas Fychan o Hergest ap Syr Rhosier Fychan, ac ail wraig Robert, oedd mam Elen. Yr oedd i Siân Pilstwn, felly, gyswllt â'r Fychaniaid ac â'r Herbertiaid oherwydd pan syrthiodd ei gŵr ym mrwydr Agincourt, priododd y weddw, Gwladys Gam, mam Tomas Fychan, â Syr Wiliam ap Tomas, y Marchog Glas o Went, a phlentyn o'r ail briodas oedd Wiliam Herbert, Iarll Penfro, gw. WG1 425; L. Dwnn: HV i, 312.

41 **Llinwent** Disgynyddion Phylip Dorddu a drigai yn Llinwent, maenor ym mhlwyf Llanbister, sir Faesyfed, gw. HCLl 150. Canodd Huw Cae Llwyd farwnad i Ddafydd Fychan, ŵyr Cadwgan ap Phylip Dorddu, a'i alw yn *Nudd Linwent*, gw. HCLl XXIII.52, WG1 383, a chanodd Lewys Glyn Cothi farwnad i Faredudd, ei fab, gw. GLGC cerdd 181. Nith Dafydd Fychan oedd Elen Gethin a phriododd hi â Thomas Fychan o Hergest, mab Syr Rhosier Fychan a Gwladus Gam, gw. y nodyn blaenorol.

43 **Godwin** Gorchmynnodd y brenin Edward IV i Ieuan ap Rhydderch ab Ieuan Llwyd, Hywel Swrdwal, Ieuan Deulwyn a Ieuan Brechfa chwilio ach Wiliam Herbert, a dangoswyd ei fod yn hanu o gyff Herbert ap Godwin, gw. LGC Dosb 1, XXII.32n.

44 **Glyndŵr** Priodasai Robert Pilstwn, sef un o hynafiaid Siôn Pilstwn Hen, â Lowri, merch Gruffudd Fychan, a chwaer Owain Glyndŵr.

47 **truth** Gwrthrych y f. *doedyd*. Dynodi'r sain galed a gynhyrchir pan ddaw dwy gytsain feddal ynghyd a wna darlleniad y llsgrau. yn hytrach na'r ffurf gysefin.

49–50 Dwg y llau. hyn i gof feirniadaeth Siôn Cent, pan gyhuddodd y beirdd o ddweud celwydd yn eu cerddi, gw. IGE² LX.23–6 *Hefyd taeru geir hoywfainc / Yn ffrom torri cestyll Ffrainc. / Rholant, ail Arthur rhylew, / Ym mrwydr ymladd, lladd mal llew.* Cf. hefyd yr ymryson rhwng Guto'r Glyn a Hywel Dafi, GGl² LXV–LXVI. Datganodd Hywel Dafi ei fwriad i ymwrthod â gweniaith, ac wrth ganu i Forgan ap Rosier *Ei foli byth fel y bai*, gw. *ib.* LXV.16.

54 *m* berfeddgoll neu gamosodiad m.l = l.m.

55 **P'redur** Mab Efrog Iarll (ac yr oedd Mathau Brwmffild yn gyfarwydd â'i enw yntau), ac arwr un o'r rhamantau, gw. TYP² 488–91 a'r cyfeiriadau at ei filwriaeth yng nghanu'r beirdd.

59 Treiglir yr e. sy'n dilyn *oes* yn ll. 57 uchod, a dyna arfer y bardd, cf. 3.39, 3.50, 4.60, ond ni threiglir ar yr achlysur hwn.

64 **rhagor** Eg. yn unig yn ôl GPC 3021.

65–6 Ailadroddir y cwpled yn 13.59–60.

65 **tylawd** Gw. 2.57n.

68 *n* wreiddgoll.

69 **lloned** 'Llonaid', a'r gynghanedd yn mynnu'r terfyniad llafar.

73 **gofwy** Ymddengys mai bf. yw *gofwy* yn y ll. hon, a'i hystyr 'cyrchu, ceisio', gw. GPC 1433.

Cynghanedd lusg bengoll, ond sylwer ar ymgais David Ellis (llsgr. C) i gryfhau'r gynghanedd.

78 **syr** Yngenid y llafariad yn y S. *sir* yn hir ac yn fyr yn yr Oesoedd Canol, gw. MED 944–6; E.J. Dobson, *English Pronounciation 1500–1700* (Oxford, 1957), 750–1. Ceir odl reolaidd o dderbyn mai *y* glir sydd i'r ffurf Gymraeg yma, ond gthg., o bosibl, IGE² 174.3 lle yr odlir *syr / hyrr*, a gw. y nodyn ar y ll.

79 Rhaid wrth y ffurf ddeusill *ceidw*.

5

Awdl foliant i Edward Gruffudd o'r Penrhyn, mab ac etifedd Syr Wiliam Gruffudd, siambrlen gogledd Cymru, a gwrthrych cerdd 4. Ymddengys mai yn fuan wedi marw ei dad yn 1531 y canwyd yr awdl, gw. llau. 109–10 *Iesu a'i gwnêl yn oeswr / A'i roi'n iawn am yr hen ŵr.* Ganed Edward yn 1511 a bu farw yn Nulyn ar gyrch milwrol yn 1540, gw. ByCyAt 98; Arch Camb 1881, 80–1 (ei ewyllys). Priododd â Siân, merch Siôn Pilstwn, Caernarfon, gwrthrych cerdd 6. Pan fu farw Siân Stradling, mam Edward, ailbriododd ei dad â Siân Pilstwn, chwaer Siôn Pilstwn.

Y mesurau

1–48 Cyfres o 8 englyn unodl union a phedwar englyn proest.

49–106 Cyfres o wyth hir a thoddaid ac un gwawdodyn byr (llau. 73–6), ond nid yw'r llinellau i gyd yn rheolaidd o ran eu hyd.

107–10 Englyn unodl union.

1 Naw sillaf yn y ll., ac felly hefyd yn llau. 21 a 25.

2 **Syr Gawen** Un o farchogion llys Arthur, a nai Arthur o du ei fam. Uniaethir ef â Walwen yng ngwaith William o Malmesbury, Gualgua(i)nus (sef Gwalchmai) yn *Historia Regum Britanniae* Sieffre, a Gauvain y rhamantau Ffrengig, gw. TYP² 369–75; WCD 303–5.

4 *f* led-lafarog.

5 Cynghanedd sain deirodl, a thrachefn yn llau. 79 (ond gw. y n. isod) a 103.

9 **astud** A. 'dyfal, diwyd, prysur'; yn fynych yn eg., gw. GPC 222. Ond gellid cadw darlleniad y llsgrau., *am astud*, a derbyn mai'r eg. yn golygu 'ystyriaeth', sydd yma, er mai i'r 17g. y perthyn yr enghraifft gynharaf o'r ystyr hon.

10 Deusill yw *meistr* yn y ll. hon, ac yn ll. 60, a *mastr* yn ll. 46.

13–16 Gwelir bod natur y proestio yn wahanol yn yr awdl hon i'r hyn a geir yn yr awdlau eraill. Yn y pedwerydd englyn proest yn unig (llau. 37–40) y mae'r gyfatebiaeth yn rheolaidd. Yn yr englyn dan sylw, y mae llau. 13 a 16 yn odli, a'r ddwy yn proestio â llau. 14–15. Yn yr englyn sy'n dilyn, ceir tair odl broest (llau. 17, 19, 20) sef *-ir, -ur, -ôr*, ond y ddeusain *-ew* yn ll. 18. Yn y trydydd englyn (llau. 29–32), ceir cwpled sy'n cynnwys llafariaid sengl sy'n proestio ond deuseiniaid sy'n proestio yn y cwpled sy'n dilyn.

24 Y gynghanedd sain yn cynnwys yr odl anghyffredin *-edd / -aedd*. Am enghreifftiau pellach o odlau afreolaidd, gw. isod 5.79.

31 *n* wreiddgoll.

35 **mastrolaeth** Nodir yn GPC 2373 y be. *mastroli* sy'n amr. ar *meistroli*, ond ni nodir yr e. *mastrolaeth* sy'n amr. ar *meistrolaeth*.

38 **Gwilym** Gwilym ap Gruffudd ap Gwilym oedd gorhendaid Edward Gruffudd. Disgynnai hwnnw o Syr Tudur (ll. 80) ab Ednyfed Fychan.

m berfeddgoll.

39 **Trwtbeg** Ail wraig Syr Wiliam Gruffudd, taid Edward, oedd Siân, merch Syr William Troutbeck.

hoywaneg *Hoyw* a *gwaneg*. Y mae dwy ystyr i'r ail elfen a'r ddwy yn gweddu yn y cyd-destun, sef i. 'cwrs, rhawd'; ii. 'dull, gwedd', gw. GPC 1574.

Chwe sillaf yn y ll.

40 **Ystradling** Gw. y nodyn brig.

rhwyddling Ni chofnodir enghreifftiau o'r ffurf *lling* yn GPC 2180 d.g. *llin*, ond dyfynnir enghreifftiau o *gwaedling*, gw. GPC 1546 d.g. *gwaedlin*, a gelwir sylw at ffurfiau megis *dwsing*, *Llading* sy'n cynnwys yr un terfyniad. Er mai (*Y*)*stradling* sy'n digwydd yn y tair llsgr., arferir y ffurf *Ystradlin* hefyd, a gellid *Ystradlin*, *rhwyddlin* ...

43 Diwygiwyd darlleniad y llsgrau. trwy fabwysiadu'r ymadrodd *Duw Dad* sy'n digwydd yn ll. 93.

44 *n* berfeddgoll.

47 **Syr Gowbwrn** Methwyd ag esbonio'r cyfeiriad hwn. Fe'i henwir drachefn yn 6.24 (ond *Golbwrn* yw'r ffurf a arferir yno).

53 **ceirw** Deusill ydyw yn y ll. hon, a *bwrw* yn y ll. nesaf. Yr oedd tri phen carw ar arfbais Iarddur (priododd Gruffudd ap Heilyn ag un o'i ddisgynyddion), gw. WG1 672; DWH ii, 262, a gwelid pen carw ar arfbais teulu'r Penrhyn, gw. *ib.* 180–2.

54 **Rhonwen** Merch Hengist. Cynrychiola'r Saeson, a'r modd twyllodrus y trawsfeddiannodd y genedl honno Brydain, gw. TYP[2] 498–9 a J.E. Caerwyn Williams, 'Rhonwen: Rhawn Gwynion', B xxi (1964–6), 301–3.

57 **y naw gorau** Y Naw Cwncwerwr, a cf. 7.66. Fe'u rhestrir yng nghywydd Guto'r Glyn i Siôn Hanmer, gw. GGl[2] LXIII, ac ymhellach TYP[2] 122; Dafydd Ifans, 'Nawwyr Teilwng Plas Bodwrda', Cylchg LlGC xviii (1973–4), 181–6.

58 Camosodiad anarferol c.d.r = d.r.c.

59 Arfer y bardd yw treiglo'r e. sy'n dilyn y f. *oes*, gw. 4.56 uchod, a cf. 1.31 *O Dduw, nid oes ddyn a dau*, a diwygiwyd *clod* y llsgrau. er nad yw'n effeithio ar y gynghanedd.

60 *n* berfeddgoll.

61 **Gei o Warwig** Gw. DNB xxiii, 386–8. Arwr chwedlonol yr adroddwyd am ei orchestion am y tro cyntaf mewn barddoniaeth Anglo-Normanaidd yn y 12g. Am gyfeiriad cyfoes a manwl ato gan un o'r Cywyddwyr, gw. GSH 7.65–70.

Twyll gynghanedd *b*.

62 Nid yw'r gyfres o gytseiniaid yn hanner cyntaf y ll. yn cyfateb yn union i'r hyn sydd yn yr ail ran.

63 **Meirchion** Trafodir olion y traddodiadau am y cymeriad neu'r cymeriadau a adwaenid wrth yr enw hwn yn TYP² 456–7; WCD 465.

64 **Efrog** Tad Peredur oedd Efrog Iarll, gw. TYP² 488–90; WCD 226, 540–1.

n wreiddgoll; twyll gynghanedd *c*; cyfatebiaeth g = g..g.

68 **cymorth** 'Cynulliad o bobl i ryw ddiben cymwynasol', gw. GPC 768. Cysylltir *cymorth* â throsedd (*camau*) yn y ll., a phriodol dwyn i gof sylw J. Gwynfor Jones, *Early Modern Wales c. 1525–40* (London, 1994), 41: '*Cymortha* (illegal exaction) had always caused some anxiety to the government and, despite legislation banning it in 1534, it was still widely practised in the early seventeenth century … *cymortha*, although it was used on occasions as a fund-raising activity, was primarily a forced exaction'.

Camosodiad r.th = th.r.

75 **grwn** Ar ystyron technegol a chyfreithiol yr ymadrodd, gw. GPC 1538. Ar y gyfatebiaeth gytseiniol, gw. 19.55n. Ond gellid diwygio *hau* yn *au*, sef amr. ar *iau*, gw. GPC 237.

78–9 **Glyndŵr … Godwin, Awdlai** Esbonnir y cyfeiriadau hyn yn y nodiadau ar gerdd 4. Yr oedd perthynas glòs rhwng teulu'r Penrhyn a'r Pilstyniaid, fel yr awgrymwyd yn y nodyn brig, a gwyddai Mathau am gysylltiadau teuluol y Pilstyniaid fel y prawf yr awdl dan sylw i Edward, y cywydd i'w dad, a'r ddwy gerdd sy'n dilyn—i Siôn Pilstwn, Caernarfon, a'i frawd, Siôn Pilstwn Tir Môn. Rhyfedd, fodd bynnag, i'r bardd roi'r fath amlygrwydd i gysylltiadau teuluol y Pilstyniaid yn y cerddi i Edward Gruffudd a'i dad, a hynny ar draul mawrygu llinach y Penrhyn. Gallai Edward ymfalchïo yn ei gyswllt achyddol â Stanlai (ll. 84) ac â'r Arglwydd Strange (ll. 86), ond â'r Pilstyniaid y cysylltir hwy yn yr awdl hon, gw. isod. Cysylltiadau'r teulu â Morgannwg a bwysleisir yng nghywydd Lewys Morgannwg i Edward Gruffudd, gw. LlGC 6511B, 158.

79 **Cilmin, Hwfa** Mam Siân Pilstwn oedd Gaenor, merch Robert ap Maredudd ap Hwlcyn Llwyd … Cilmin o Lynllifon, gw. WG1 156–7; WG2 320, 1455; PACF 172. Perthynai Nest, gwraig Hwlcyn Llwyd, i linach Hwfa ap Cynddelw trwy ei mam, gw. WG1 519–20, 594.

Awdlai Diwygiwyd *awdlau* y tair llsgr. gan fod *Chwitnai* a *Stanlai* yn digwydd yn safle'r brifodl yn llau. 83–4 (a sylwer ar ddarlleniad llsgr. A y tro hwn). Sylwer hefyd ar yr odl afreolaidd yn ll. 93.

Cynghanedd sain deirodl a chyfatebiaeth d = dl o dan yr acen.

80 **Syr Tudur** Mab Ednyfed ap Cynwrig, gw. WG1 671.

81 **Arglwydd Northwmbrland** Rhoddwyd y teitl i John Neville, trydydd mab Richard Neville, yn 1464. Eleanor, chwaer John, oedd gwraig gyntaf Thomas Stanley, yr Iarll Derby cyntaf. Ond adferwyd yr iarllaeth i Syr Henry Percy yn 1470. Merch Wiliam Herbert, Iarll Penfro, oedd ei wraig ef, gw. *The Complete Peerage*, ix (London, 1936), 717–19. Gallai'r Pilstyniaid arddel cyswllt â'r ddau iarll, gw. isod ll. 84.

83 Bai crych a llyfn.

84 **iawnlwyth** Disgwylid *iawnllwyth* ar ddelw *iawnllin*, *iawnlliw*, &c., gw. GPC 2006 a Treigladau 27–9, ond diau i'r bardd arfer y ffurf hon er sicrhau'r gyfatebiaeth â *Stanlai*; ond gthg. y modd y cynganeddir yr e.p. gan Dudur Aled, gw. TA XX.29 *Llew Stanllai, llys dy henllwyth*, *ib*. XXX.11 *Carw Stanllai'n dwyn Crist henllwyd*. Geilw'r gynghanedd am y ffurf *eurllwyth* yn 17.9.

Stanlai Yr oedd gan deulu'r Penrhyn gyswllt agos â'r teulu dylanwadol hwn: Sioned, merch Syr William Stanley o Hooton, oedd ail wraig Gwilym ap Gruffudd ap Gwilym; a Thomas Stanley, yr Arglwydd Stanley cyntaf, oedd taid Siân Troutbeck (ail wraig Syr Wiliam Gruffudd, yr ail siambrlen) o du ei mam. Ond llinach y Pilstyniaid sydd dan sylw yn y rhan hon o'r awdl. Dangoswyd yn 4.35n fod cyswllt rhwng y Pilstyniaid a'r Fychaniaid. Priododd Elsbeth, merch Tomas Fychan ap Rhosier ap Rhosier o Dretŵr, ag Edward Stanley, mab Thomas Stanley, yr Iarll Derby cyntaf, gw. WG2 461–2. Amlinellir gyrfa Edward Stanley yn DNB liv, 49–50. Yr oedd George, Arglwydd Strange (ll. 86)—arno gw. *The Complete Peerage*, iv (London, 1916), 207–8—yn frawd iddo.

85 **Llywarch** Perthynai gwragedd Maredudd a Hwlcyn Llwyd i dylwyth Llywarch ap Brân.

Cyfatebiaeth n = d o dan yr acen.

86 **Ystraens** Gw. ll. 84n uchod. 'Yr oedd William Griffith [yr ail siambrlen] … yn nai trwy briodas i Thomas, yr Iarll Derby cyntaf (1435–1504)', gw. ByCyAt 97.

87 *f* led-lafarog.

88 **holl deau** Cyffredin yw'r calediad ar ôl *holl*, gw. Treigladau 93.

r wreiddgoll; *f* led-lafarog.

89 **Sibli Ddoeth** *Tri dyn a gauas Doethineb Adaf: Cado Hen, a Beda, a Sibli Doeth*, gw. TYP² 128. Merch Priaf Frenin oedd Sibli, gw. *ib*. 508.

90 **Elen o Droea** Gw. isod 19.39n.

n wreiddgoll; *f* led-lafarog.

91 **Olwen** Merch Ysbaddaden Bencawr y mynnai Culhwch ei phriodi. Esbonnir ei henw mewn darn disgrifiadol adnabyddus yn chwedl 'Culhwch ac Olwen', gw. CO³ 18 *Pedeir meillonen gwynnyon a dyuei yn y hol myn yd elhei. Ac am hynny y gelwit hi Olwen.*

Tegau Merch Nudd Lawhael oedd Tegau Eurfron, ac un o'r rhianedd a gysylltid â llys Arthur. Yr oedd ei mantell yn un o'r Tri Thlws ar Ddeg: *ni wasanaethai i'r neb a dorrai i ffriodas na'i morwyndod; ac yr neb y byddai lân y'w gwr, y byddai hyd y llawr, ac i'r neb a dorrai i ffriodas ni ddoe hyd i harffet, ac am hyny'r oedd cenvigen wrth Degau Eurvron*, gw. TYP² 241, 174–5, 512; WCD 600–2; GSH 9.74n; GDEp 11.37–8n.

Cyfatebiaeth caled a meddal c = g.

92 **Esyllt** Gwraig March a chariadferch Trystan, gw. TYP² 349; WCD 256.

95 *r* berfeddgoll.

98 **gweilchion** Nid yw *eilchwaen* llsgrau. BC yn ystyrlon yn y cyd-destun, gw. GPC 1191 d.g., a chynigir mai gwall am (*g*)*weilchion* yw *ieilchiawn* llsgr. A, sef ffurf l. *gwalch*, er nas cofnodir yn GPC 1568. Ond gall mai gwall ydyw am *wychion unair*.

103 **Mihangel, Gabrel, Uriel** Cyfrifid y tri hyn, ynghyd â Raffel, yn arch-angylion, gw. ODCC 97, 1670. Am enghraifft o enwi'r pedwar mewn cywydd marwnad, gw. GLGC 85.55–60.

106 *f* led lafarog; twyll gynghanedd *l*.

107 **diweddwr** 'Cyflawnwr', gw. GPC 1058, ond cyd-destun milwrol sydd i'r englyn, ac ystyr arall *diweddwr* yw 'ymladdwr a gadwai ôl y fyddin wrth gilio'.

6

Cywydd moliant i Siôn Pilstwn 'cyn ei fynd yn Farchog' yn ôl CM 11, anrhydedd a ddaeth i'w ran rhwng Medi 1545 a Mawrth 1546, gw. W.R.B. Robinson, 'Knighted Welsh Landowners, 1485–1558: a provisional list', Cylchg HC xiii (1986–7), 288. Mab ydoedd i Siôn Pilstwn Hen ap Siôn ap Madog Pilstwn, gw. WG2, 1454; ByCyAt 149; hefyd y nodiadau ar gerddi 4–5. Gelwir Siôn yn siryf yn ll. 19, ond yn llsgr. C yn unig y digwydd y llinellau sy'n enwi'r ddwy swydd arall, sef cwnstabl a sersiant. Fe'i penodwyd yn gwnstabl Caernarfon—*O fewn tref ar fin y traeth* ll. 4—yn 1523, yn olynydd i'w dad. Crybwyllir y tair swydd ar achlysuron eraill gan Lewys Daron, Ieuan ap Madog a Lewys Morgannwg, gw. GLD cerdd 11 a'r nodiadau. Bu farw Siôn yn 1551 a mydryddwyd blwyddyn ei farw yn y farwnad a luniodd Siôn Brwynog i'w goffáu, gw. Siôn Brwynog: C cerdd XLI.

2 Twyll gynghanedd *dd*.

3 **odiaeth** Fe'i dosberthir yn a. 'gwych, rhagorol', yn e. 'rhagoriaeth, hynodrwydd', ac yn adf. 'tra, iawn' yn GPC 2616. E. ydyw yn 8.13, 13.19, 17.18 ond ymddengys mai adf. ydyw yn y ll. hon ac yn 6.58, 20.10 ac a. yn 17.7, 21.

6 **Caersallog** Enwir y lle hwn mewn dau gywydd i dad Siôn Pilstwn, y naill gan Dudur Aled (TA XLI.26) a'r llall gan Lewys Môn (GLM LXXI.59). Gwraig gyntaf Thomas Stanley, yr iarll Derby cyntaf, oedd Eleanor Neville, merch Richard Neville, Iarll Caersallog.

8 *m* wreiddgoll (ond y mae'r ll. hefyd yn cynnwys cynghanedd sain reolaidd).

10 **osai** Crybwyllir *malsai*, ffurf ar *malmsai*, 'gwin melys cryf, yn wreiddiol o wlad Groeg', gw. GPC 2329, yn ll. 7, a bernir mai cyfeiriad at fath arall o win sydd yma (ond gw. darlleniadau'r llsgrau.), sef *osai*, benthyciad o'r S.C. *osei* 'gwin gwyn melys', gw. GPC 2657.

12 **Rhodri** Ai Rhodri Mawr a fu'n frenin ar Wynedd, ac efallai ar Bowys a Deheubarth hefyd yn y 9g.? Gw. CLC² 642.

14 **y Pilstwn Siôn** Cyfeiriad at y tad sydd yma, a'r mab—gwrthrych y cywydd—bellach yn cyflawni ei hen swydd.

16 Cyffredin oedd treiglo'r a. cymharol mewn gosodiad neg. ac mewn gofyniad y disgwylid ateb negyddol iddo, gw. Treigladau 66–7. Ond gthg. 15.49–50 *Ni bu erioed … wŷr glanach*.

19–20 **Siri … sir Feirionnydd** Gw. LSEW 260. Fe'i hapwyntiwyd i'r swydd hon ym mis Mehefin 1536, a dyma awgrym diamheuol o ddyddiad llunio'r cywydd. Ni chrybwyllir y swydd hon yn yr ysgrif yn ByCyAt 149. Cafodd siryfiaeth Arfon yn 1543 (gw. *ib*. 248).

21–6 Yn llsgr. C yn unig y digwydd y llau. hyn. Derbynnir eu bod yn rhan annatod o'r cywydd am fod ll. 21 yn dra thebyg i 13.45 *Cans, da blaid, cwnstabl ydych*, a hefyd am fod Mathau yn enwi Syr Golbwrn ar achlysur arall, gw. 5.47 (ond *Gowbwrn* yw'r ffurf yn y fan honno). Atega'r cyfeiriad at y swyddi yr hyn a ddywed beirdd eraill a fu'n cyfarch Siôn Pilstwn, gw. y nodyn brig.

21 Chwe sillaf yn y ll.

29 Deusill yw *enw* yn y ll. hon.

30 **y trydydd** Gw. yr ach uchod. Siôn Pilstwn oedd enw tad a thaid gwrthrych y cywydd.

31–2 **Owain ... Glyndŵr** Gw. cerddi 4–5 lle yr esbonnir cyswllt y Pilstyniaid ag Owain Glyndŵr a *Gwitnai* (ll. 33), *Awdlai* (ll. 33), *Godwin* (ll. 34), *Dafydd Gam* (ll. 35), y *Fychans* (ll. 37), *Ystraens* (ll. 41) a *Iarll Derbi* (ll. 64).

33 **Gwitnai** Cadwyd y ffurf hon sy'n digwydd yn llsgr. A am ei bod yn cynnal y cymeriad llythrennol, ond *Chwitnai* sydd yn llsgrau. BC, a'r ffurf honno a welir yn 4.39 a 5.83.

35 Yr unig l. sy'n cynnwys cynghanedd groes o gyswllt ewinog.

36 Twyll gynghanedd *t*; *f* led-lafarog.Ysgrifennwyd *gwraeddgoll* ar ochr y ddalen yn llsgr. A, ond sylwer ar ddarlleniad llsgr. C.

37 **rhif** Y mae dwy ystyr *rhif* yn gweddu yma, ac yn 11.10, sef i. e. 'parch, bri', ii. a. 'niferus', gw. GPC 3069–70.

38 **Teirgwent** Rhennid Gwent yn ddwy ran, sef Gwent Is Coed a Gwent Uwch Coed, gw. WATU 81, ond cyfeiriai'r beirdd hefyd at Dair Gwent, gw. ymhellach A. Cynfael Lake, *Gwaith Lewys Morgannwg* (i ymddangos) 30.15.

Camosodiad r.g = g.r.

39 **Rhydderch** Nid oes un cyfeiriad sicr yng nghanu Mathau at Rydderch Hael, ond enwir Nudd, Mordaf ac Ifor ar y cyd ac yn unigol ar sawl achlysur, gw. 4.9n. Digwydd yr enw mewn rhan o'r cywydd sy'n rhestru hynafiaid y Pilstyniaid, ac awgryma hynny nad y gŵr a ymenwogodd ar gyfrif ei haelioni ydyw hwn. Ond ni welwyd enwi'r un Rhydderch yn ach y teulu.

40 **Rhys Gryg** Un o feibion yr Arglwydd Rhys ap Gruffudd. Yr oedd nifer o hynafiaid y Fychaniaid wedi ymgysylltu trwy briodas â llinach frenhinol Deheubarth, gw. WG1 242–3.

42 **Awdlai** Fe'i henwyd eisoes yn ll. 33. Gwraig gyntaf Robert Chwitnai, a nain Siôn Pilstwn o ochr ei fam, oedd Constans, merch Arglwydd Awdlai. Ond ymddengys fel pe bai'r bardd yn edrych ar ddwy achres annibynnol oblegid priododd un o'r Fychaniaid hefyd ag un o ferched Arglwydd Awdlai, gw. WG2 461–2.

44 Gellid hefyd *tor di i'r byw* (er na ddigwydd y darlleniad hwn yn un o'r llsgrau.).

56 **Gaenor** Gwraig gyntaf Siôn Pilstwn oedd Gaenor, merch Robert ap Maredudd ap Hwlcyn Llwyd o Lynllifon ... Cilmin Troed-ddu. Yr oedd cyswllt agos rhwng y ddau deulu, a Robert ap Maredudd yn dad yng nghyfraith, ac yn frawd yng nghyfraith, i Siôn Pilstwn.

60 Parchwyd darlleniad y llsgrau., ac y mae'r gynghanedd yn ategu'r darlleniad, ond nid yw peidio â threiglo'r gwrthrych ar ôl ffurfiau person 1 ll. y f. yn rheolaidd, gw. Treigladau 205.

63 **Bwlclai** Elin, merch Wiliam Bwlclai, oedd gwraig gyntaf Robert ap Maredudd.

65 **Llywarch** Nest, merch Cynfrig ap Maredudd Ddu o Borthaml ... Llywarch ap Brân, oedd gwraig Hwlcyn Llwyd, Glynllifon.

66 *f* led-lafarog.

67–8 **Ll'welyn ... Ednyfed** Mam Robert ap Maredudd oedd Gwenhwyfar, merch Llywelyn ab Ednyfed ap Gruffudd, gw. WG1 43.

72 **llaw Dduw** Cyffredin yw'r treiglad mewn cyfuniadau genidol fel hwn, gw. Treigladau 106–7 a cf. 15.16, 18.4.

73 **naturiawg** 'Caredig, hawddgar'. Nis cofnodir yn GPC 2554.

75 Twyll gynghanedd *d*.

77 **Absalon** Yr oedd ei harddwch yn ddiarhebol, gw. TYP² 263.

76 **y perchentyaeth** Mwy ystyrlon fyddai *eu perchentyaeth*, a'r rh. yn cyf-eirio yn ôl at y tad a'r taid a enwir yn y cwpled blaenorol.

78 **ei ŵyr** 'Ei ddisgynyddion'. Yn y cywydd marwnad a luniodd Siôn Brwynog i'w goffáu, nodwyd bod iddo un plentyn ar ddeg—wyth merch a thri mab, sef Robert, Rolant a Huw, gw. Siôn Brwynog: C XLI.43–56.

7

Awdl foliant i Siôn Pilstwn Tir Môn, mab Siôn Pilstwn Hen ap Siôn ap Madog, a brawd y Siôn Pilstwn a fu'n gwnstabl Caernarfon ac y canodd Mathau iddo, gw. cerdd 6 a'r nodiadau yno ac o dan gerddi 4–5 lle y trafodir cysylltiadau achyddol teulu'r gwrthrych. Yn Hafod-y-wern ym Maelor yr oedd ei gartref, ond fe'i gelwid yn Siôn Pilstwn Tir Môn am fod ganddo diroedd ar yr ynys.

Y mesurau

1–56	Cyfres o 12 englyn unodl union a dau englyn proest.
57–106	Defnyddir tri mesur yn yr ail ran, sef cyhydedd nawban (sy'n tueddu at 10 sillaf er nad yw hyd y llinellau yn rheolaidd mwy nag ydyw yn yr awdlau eraill a luniodd y bardd), gwawdodyn byr a hir a thoddaid. Yn achos y ddau olaf, lleolir y toddaid ar ddechrau'r penillion yn hytrach nag ar eu diwedd yn 61–4, 65–70, 71–4, 83–6, 95–8.
107–10	Englyn unodl union.

3 Wyth sillaf yn y ll. Gellid ll. reolaidd o ddiwygio *Tra fo'r heulrhod yn codi*, ond ni chofnodir enghreifftiau cyfoes o *heulrhod* yn GPC 1863.

11 Diwygiwyd *awduriaith* y llsgrau. a thrachefn yn ll. 66, ond nid oedd y darlleniad yno yn mennu ar y gynghanedd fel y gwna yma. Ond cf. y modd yr odlir *Ystanlai* yn llau. 52 a 74 a cf. hefyd yr odl *blynedd/waedd* yn 5.24.

dewrion Naill ai'r e. cyfansawdd *dewr + iôn* (cf. 20.31), a cf. *gwirIon* (*gwir + iôn*) yn ll. 9, neu ffurf l. *dewr.*

13 **diabsennawg** Un nad yw'n peri *absen* 'drygair, anghlod'. Ni chofnodir y ffurf *absennog* yn GPC 4, ond gw. 2.21 uchod a'r nodyn ar *absen.*

27 **milwr Euda'** Tad Elen a briododd ymerawdwr Rhufain yn chwedl 'Breuddwyd Macsen'. Lleolir ei lys yn y chwedl honno yng Nghaer-narfon, a bu Siôn Pilstwn Hen, a'i fab, Siôn Pilstwn, ar ei ôl (brawd gwrthrych yr awdl), yn gwnstabl y castell. Cf. GLM LXXI.53–4 (mewn cywydd i Siôn Pilstwn Hen) *Hwsmon gwych … / Yn Nhref Euda'n rhoi'i fedel.*

28 Deusill yw *aml* yn y ll. hon (ond unsill yn ll. 24 uchod) a *cadw* yn y ll. sy'n dilyn.

33–6 Gwelir bod y llafariad sengl *a* yn proestio ag *-uw, -aw, -ew*, a gw. ymhellach 5.13–16n.

35 Chwe sillaf yn y ll.

37 **cwmpaswych** Gw. GPC 642. Diwygiwyd *cwmpeswch* y llsgrau. gan fod y ffurf ferfol *cwmpasa* yn digwydd yn ail ran y paladr. Efallai i lygad y copïwr gael ei dynnu at y terfyniad *-wch* ar ddiwedd yr englyn proest sy'n rhagflaenu'r englyn hwn.

41 Un sillaf yn ormod yn y ll.

50 **Glyndŵr a Rhiwallon** Yr oedd un o hynafiaid y teulu yn briod â Lowri, chwaer Owain Glyndŵr, a chyfeirir at y cyswllt hwn yn gyson yn y canu i'r Pilstyniaid. Disgynyddion Bleddyn ap Cynfyn oedd teulu Glyndŵr. Yr oedd Rhiwallon yn un o frodyr Bleddyn, gw. WG1 tabl 47; ByCy 787.

51 **Bwlclai** Cysylltiadau priodasol ei frawd a'i chwaer sy'n esbonio'r cyfeiriad hwn. Gaenor, merch Robert ap Maredudd ap Hwlcyn Llwyd o Lynllifon ac Elin Bwlclai, oedd gwraig gyntaf Siôn Pilstwn Caernarfon. Wedi marw Elin Bwlclai, priododd Robert ap Maredudd â Sioned Pilstwn, chwaer y brodyr.

52 **Ystanlai** Elsbeth, merch Pirs Stanlai, oedd gwraig Siôn Pilstwn Tir Môn. Yr odl yn y gynghanedd sain yw *-ai / -au*, a thrachefn yn ll. 74 lle yr ailadroddir y ll., ond rhoddir yr enwau *Awdlai, Chwitnai* a *Stanlai* yn safle'r brifodl (sef *-au*) ar achlysur arall, gw. 5.79n. Sylwer ar y modd y

ceisiodd y ddau gopïwr gywiro'r odl a'i gwneud yn dderbyniol (i'r llygad o leiaf).

55 **Cado** Cymerir mai'r gŵr a oedd yn enwog am ei ddoethineb oedd hwn, gw. 17.14n ar *Cadw*. Ond gellid diwygio i *gedid* ac ailadrodd y ffurf ferfol orch. sy'n digwydd yn ll. 31: *Gedid 'Maelor yn geidwad*.

58 **taledig** Ymddengys fod i'r a. ystyr enwol yma, 'nwyddau neu adnoddau y talwyd amdanynt' (gan y noddwr yn yr achos hwn), a cf. ll. 81 isod lle y digwydd yr un ymadrodd mewn ystyr gyffelyb.

59 *n* wreiddgoll.

60 Twyll gynghanedd *b*; *n* berfeddgoll.

61 Y mae peth amwysedd yn y ll. hon. Bernir mai Crist yw'r goddrych, ac mai ef yw'r *Gŵr sy ac a fu* (a cf. ll. 89), a bod ail ran y ll. yn cyfeirio ato drachefn. Ond gallai'r rhan gyntaf fod yn gyfarchiad a'i ddilyn gan y goddrych, sef y brenin Harri VIII (yr oedd ei gyswllt â Phenmynydd ym Môn yn dra hysbys). Ailadroddir yr apêl am weld urddo Siôn yn farchog yn ail gwpled y pennill.

62 *r* berfeddgoll neu gamosodiad r.d = d.r.

63 Cyfatebiaeth caled a meddal c = g.

66 **y nawyr dewrion** Gw. 5.57n.

68 *f* led-lafarog.

69 Cyfatebiaeth c = ng.

70 *m* berfeddgoll.

73–4 Anodd gwybod pa fath o gwpled y bwriadai Mathau ei lunio. Os cwpled o gywydd (a pheth anarferol ydoedd llunio pennill trwy gyfuno cwpled o gywydd a thoddaid) rhaid derbyn bod y fraich gyntaf yn rhy hir o sillaf. Os cyfuno toddaid a chyhydedd nawban, fel y gwneir uchod yn llau. 61–4 ac isod llau. 83–6, 95–8, gwelir bod y ddwy l. yn rhy fyr. Sylwer hefyd fod ll. 74 yn cael ei hailadrodd uchod, gw. ll. 52, ond gwelir cyfatebiaeth agos hefyd rhwng llau. 61 ac 89.

Y mae'r gynghanedd sain yn mynnu'r ffurf lafar *heleth*, a *rhywiogedd* yn ll. 83.

75–6 **Dytwn … Dons** Dangosir yn WG2 1454 i Siôn Pilstwn Hen briodi dair gwaith. Alis, merch Tomas Salbri Hen oedd ei wraig gyntaf. Merch Syr Siôn (neu Siancyn) Don ac Elsbeth, merch Syr Pyrs Dytwn, oedd gwraig Tomas Salbri Hen, gw. GLM 464; WG2 1569.

Ceir cynghanedd (a bai caled a meddal t = d neu gamosodiad d.t = t.d) o dderbyn bod yr orffwysfa ar y drydedd sillaf.

77 Yr odl gyrch yn dibynnu ar y ffurf lafar ddeusill *dwbwl*.

82 **Gwenedydd** Santes a oedd yn ferch i Frychan, ac a gysylltir â Thywyn yn sir Feirionnydd. Fe'i henwir ar ddau achlysur gan Dudur Aled ac y mae'r gynghanedd a'r odl yn cadarnhau'r ffurf, gw. TA LXV.24, CXXIX.5. Awgrymir yn *ib*. 605 mai ffurf wallus ar ei henw yw Gwen-ddydd, gw. LBS iii, 183–4.

83 **felly** Byddai *fellýn* yn gwella'r ystyr, ond yn difetha'r odl (oni bai fod yr *n* ar ddiwedd y gair yn ymdoddi yn yr *n* sy'n dilyn yn ll. 84).

84 *n* wreiddgoll.

89 Nid oes bwlch yn y llsgrau., ond y mae'n amlwg fod gair (unsill o bosibl) yn eisiau a fyddai'n cynnal yr odl.

92 **gwenfro** *Gweneuro* sy'n digwydd yn llsgr. B, a allai fod yn ffurf ar y gair cyfansawdd *gwyn + euro* 'lliwio neu addurno ag aur llachar', ar ddelw *gwyngalchu, gwynlasu*, er na nodir y cyfuniad yn GPC 1773. Ond cafodd copïwr llsgr. B gryn drafferth wrth ddehongli llaw ei gynsail, sef A, a ffrwyth camddarllen yw nifer o'r amrywiadau a gofnodwyd.

tŷ Iago Eglwys Santiago de Compostela yng ngogledd-orllewin Sbaen.

94 **Caer Gwydion** Y Llwybr Llaethog, gw. GPC 384. Ar y gysefin yn dilyn yr eb., gw. 19.56n.

107 Bai crych a llyfn.

8

Cywydd moliant i Siôn Wyn ap Maredudd ab Ieuan ap Robert, ac i'w wraig, Elin, merch Morus ap Siôn o Glenennau, gw. WG2 850–1; ByCy 1031; PACF 280. Maredudd ab Ieuan a brynodd Gwedir, a hynny tua'r flwyddyn 1500. Bu ef farw yn 1525, a chanwyd y cywydd rhwng y flwyddyn honno a 1559 pan fu farw ei fab a'i etifedd, Siôn Wyn. Yn ei farwnad i Siôn, mydryddodd Gruffudd Hiraethog flwyddyn ei farw, dyddiad yr achlysur, a'i oedran, gw. GGH 8.19–28. Fe'i ganed yn 1492 ac yr oedd yn saith a thrigain pan fu farw. Ei ŵyr, Syr John Wynn, a groniclodd hanes y teulu yn 'History of the Gwydir Family'. Gwelir yn Card 4.101 [= RWM 83] gasgliad helaeth o gerddi yn llaw'r bardd Huw Machno i aelodau o deulu Gwedir, gw. RWM ii, 783–9, a'r cywydd hwn yn eu plith.

3 **pertio** Dyma ddarlleniad y tair llsgr. Ai be. o'r a. *pert*? Nis nodir yn GPC 2780.

4 **y Penrhyn** Cyffelybir cartref Siôn Wynn yng Ngwedir i ddau lys adnabyddus, ac awgrymir nad oes pedwerydd y tâl ei gymharu ag ef. Disgrifiwyd y Penrhyn yn nyddiau Gwilym ap Gruffudd gan Rys Goch Eryri, gw. IGE[2] cerdd CIII.

5 Un o'r ychydig lau. sy'n cynnwys cynghanedd sain gadwynog.

6 **Rhaglan**   Cartref yr Herbertiaid yn Rhaglan yw'r ail lys a enwir. Wiliam ap Tomas a ddechreuodd godi'r castell hwn, ac yn ei ddyddiau ef y codwyd Porth y De a'r Tŵr Mawr, gw. John R. Kenyon, *Raglan Castle* (Cardiff, 1988), 5. Yng nghantref Brynbuga y mae Rhaglan, ond y mae tref a chantref y Fenni o fewn tafliad carreg, gw. WATU 277.

7 **palis** 'Pared', gw. GPC 2674 a digwydd y ffurf ll. *palisau* yn 7.102; ond gallai *palis* fod yn amrywiad ar *palas*, gw. GPC 2672.

gwiwdawd 'Teilyngdod, urddas, gweddusrwydd', gw. GPC 1673. Ond mwy ystyrlon fyddai *ciwdawd* 'llu, torf' llsgr. A, er y parai hynny fai caled a medal g = c.

8 **hyd Dydd Brawd** Ar y caledu sy'n digwydd ar ôl *hyd*, yn enwedig yn yr ymadrodd *hyd dydd brawd*, gw. Treigladau 394.

10 **Calais ... Cwlen**   Buasai'r ddwy ddinas hyn yn dra hysbys i gynulleidfa'r bardd. Meddiannodd y Saeson Calais yn 1347 a'i dal hyd at 1558. Daeth dinas Cwlen (Köln) yn yr Almaen yn gyrchfan poblogaidd i bererinion am mai yn yr eglwys gadeiriol yno y diogelid creiriau'r tri gŵr doeth, gw. NCE 3, 1013–18; GPhE 5.26n; MEnc. Denid pererinion yno hefyd ar gyfrif y cyswllt â'r Santes Ursula a'i gwyryfon, gw. ODCC[3] 1671.

19 **coed Rhobart** Darlleniad llsgrau. AB yw *koed Robart*, ond gall *R* gynrychioli *rh* neu *r*. Y mae'r gynghanedd, fodd bynnag, yn mynnu'r cyfuniad *coed Rhobart*, a *mab Rhobyn* isod yn ll. 22, ond gthg. 13.20 *Cai drasau llawn coed Rys Llwyd*.

21–2 **Gruffudd ... fab Rhobyn** Ales, merch Wiliam ap Gruffudd ap Robin o Gwchwillan, oedd mam Siôn ap Maredudd, Clenennau.

24 **hil Derwas** Mallt, merch Gruffudd Derwas, oedd gwraig Gruffudd ap Robin, gw. PACF 186.

29 Cynghanedd sain drosgl, neu sain lefn ac ynddi fai crych a llyfn.

30 **Owain Gwynedd** Ceir ach Clenennau yn WG2 845–7; PACF 218. Olrheiniai'r teulu eu hachau hyd at Owain Gwynedd, ond ymfalchïai aelodau teulu Gwedir hwythau yn eu cyswllt â brenhinllin Gwynedd. Egyr cronicl Syr John Wynn â chyfeiriad at Owain Gwynedd a'i rieni, gw. *The History of the Gwydir Family*, gol. J. Gwynfor Jones (Llandysul, 1990), 1, a'r tabl achau ar d. 203.

33 **Cuhelyn, Bleddyn** Uniaethodd John Morris-Jones Cuhelyn â Cúchulinn y traddodiad Gwyddelig, gw. 'Taliesin', Cy xxviii (1918), 273, a chafodd Dafydd ap Gwilym a Iolo Goch achlysur i gyfeirio at *ysgwyd Guhelyn*, gw. GDG 143.39; GIG XI.94. Felly Llywarch ap Llywelyn mewn awdl i Lywelyn ab Iorwerth o Wynedd (GLlLl 19.8), ond gan fod y gân yn agor â'r cwpled *A'th fendicwy Dwy Dëyrn, werlyn—hael / Hil Fleddynt fab Cynfyn* (*ib*. 19.1–2), gall fod Llywarch yn

synio am Guhelyn yn un o ddisgynyddion Bleddyn ap Cynfyn, ac y mae'n arwyddocaol fod y ddau yn cael eu cyfosod yn y cwpled hwn. Ar y cyswllt, gw. WG1 34–5. Ond methwyd â tharo ar yr enw yn achres teuluoedd Clenennau a Gwedir.

34 **ystil** Benthyciwyd dau air gwahanol o'r S., sef *style* a *steel*, gw. GPC 3333 d.g. *stil*[1, 2]. Gan fod Mathau yn cyfeirio yma at *ystil dugiaid* ac at *ystil ieirll* yn 20.11, diau mai'r ystyr gyntaf sy'n taro orau.

42 *n* wreiddgoll.

49 **adeildy** I ddechrau'r 17g. y perthyn yr enghraifft gynharaf a gofnodir yn GPC 16.

9

Elis Prys o Blasiolyn (?1512–?1594) a gyferchir yn y cywydd hwn. Fe'i disgrifiwyd fel a ganlyn yn L. Dwnn: HV ii, 344: 'Elis Prys, Doktor of the civil lawe, one of the counsell of the Marches, 2 sonne to Robert ap Rys ap Mredydd', ac yn fwy di-flewyn-ar-dafod gan Glanmor Williams '... Ellis, the notorious "Doctor Coch", who ... faithfully lived down to his father's lack of principles', gw. WCCR[2] 326, ac ymhellach WG2 1331–2; PACF 204; CLC[2] 605; hefyd ysgrifau Enid Roberts, 'Symud efo'r oes', *Bosworth a'r Tuduriaid*, gol. Dafydd Glyn Jones a John Ellis Jones (Caernarfon, 1985), 16–24; 'Teulu Plas Iolyn', TCHSDd xiii (1964), 39–110, yn fwyaf arbennig tt. 70–83. Bu farw Robert ap Rhys yn 1534, a diogel tybio mai wedi'r flwyddyn honno y canwyd y cywydd hwn.

Cyfeirir at Elis Prys a'i gartref yn adran gyntaf y cywydd (llau. 1–18), ond digwydd yr holl linellau yn yr ail ran (ac eithrio'r cwpled 51–2, a chyffredinol yn hytrach na phenodol yw cynnwys hwn) lle y mae'r bardd yn disgrifio ei anniddigrwydd ac yn deisyf cymod ei noddwr mewn cywydd cymod arall a ganodd Mathau i Rolant Gruffudd o'r Plasnewydd (gw. cerdd 2). Er bod deuparth y llinellau yn digwydd yn y naill gywydd a'r llall, gwelir bod nifer o fân wahaniaethau yn narlleniad y cwpledi unigol (er nad yw'r llawysgrifau unigol yn gytûn bob tro). Cymharer, er enghraifft, linellau 21–2 *Dialwyd hwn, daliad dwys, / Heb rodio i baradwys* â'r cwpled cyfatebol yn y cywydd cymod cyntaf, *Dilewyd hwn, 'deiliad dwys, / Heb rodio, o baradwys*, gw. 2.9–10. Y mae'n arwyddocaol nad yw'r ddau gywydd yn digwydd gyda'i gilydd yn yr un o'r llawysgrifau, ond nid ymddengys fod un cywydd yn fwy llwgr na'r llall (er i'r copïwyr gael cryn drafferth wrth ddehongli'r cyfeiriad at Gristoffus yn 2.37). Y mae'r holl ddarlleniadau yn ystyrlon, a diau mai'r bardd ei hun a fu'n addasu ac yn ailwampio'r cwpledi unigol.

15 Ar y gyfatebiaeth ct = g..t, gw. J. Morris-Jones: CD 212.

16 **tair cyfraith** Caiff y beirdd achlysur i gyfeirio o dro i dro at y ddwy
gyfraith, sef y gyfraith sifil a'r gyfraith eglwysig neu'r ganon (sef, yn
fwy manwl, cyfraith yr eglwys Gatholig): e.e. GLM LXXIX.55–6 *Mae'r
ganon yn gron, a'i gwraidd*; / *mae sifil ym Maesyfaidd*. Gw. hefyd OED
viii, 712 d.g. *law, both laws* (i chwarter olaf yr 16g. y perthyn yr engh-
raifft gynharaf o'r cyfuniad *both laws*). Mewn cywydd i Syr Robert ap
Rhys, tad y Doctor Elis Prys, crybwyll Tudur Aled y tair cyfraith, gw.
TA L.58 *Ti yw'r cwfr i'r tair cyfraith*. Nid esbonnir y cyfeiriad, a gellid
tybio mai'r gyfraith sifil, y gyfraith ganon a chyfraith Hywel Dda sydd
dan sylw. Bu farw Syr Robert ap Rhys yn 1534, ar drothwy'r Deddfau
Uno, ond nid annichon i Fathau ganu ei gywydd cymod ef yn dilyn y
ddeddfwriaeth a roes y farwol i'r hen arferion cyfreithiol Cymreig. Am
gyfeiriad gan fardd arall a ganai yn ail chwarter yr 16g. at gyfraith
Hywel, gw. *Gwaith Lewys Morgannwg*, gol. A. Cynfael Lake (i
ymddangos yn y gyfres hon), 60.35–6 *Aeth swydd a chyfraith a sêl*, /
Aeth ddeall cyfraith Hywel. Ond gall mai'r gyfraith gyffredin yw'r
drydedd gyfraith, gw. OED iii, 570 d.g. *common law*; MEnc.

32 *f* led-lafarog.

10

Cywydd marwnad i Hywel ap Dafydd ap Meurig Fychan ap Hywel Sele o
Nannau yw hwn. Cofnodir ach y teulu yn WG1 77, 78; WG2 148; L.
Dwnn: HV ii, 226; PACF 200. Bu'r teulu yn meddiannu tiroedd yng
nghyffiniau Dolgellau, ac mewn rhannau eraill o sir Feirionnydd, a hynny
ar raddfa helaeth, rhwng tua 1450 a 1540, yn oes Meurig Fychan a'i fab a'i
ŵyr. Ar y teulu, gw. Bryn R. Parry, 'Hugh Nanney Hen (*c.* 1546–1623),
Squire of Nannau', Cylchg CHSFeir v (1965–8), 185–206. Canodd Tudur
Aled i Hywel pan ddaeth i'w etifeddiaeth, gw. TA LVII a td. 676. Cyfeiria
Mathau ar ddechrau ei gywydd ef at farwolaeth tad a thaid Hywel. Bu farw
Dafydd yn 1494, a'i dad yntau rai blynyddoedd ynghynt. Cynghorir yr
etifedd ifanc yn rhan olaf y cywydd (llau. 45–62). Lluniodd Hywel ei
ewyllys yn 1539, gw. Dolrhyd 2 yn 'A preliminary schedule of deeds and
documents ... Dol'rhyd, Dolgelley' (cyfrol anghyhoeddedig, Llyfrgell
Genedlaethol Cymru, 1949), a bu farw tua 1540, gw. Bryn R. Parry, *art.cit.*
187.

1–2 Cf. 1.17–18.

4 **'dwaeniad** Ffurf 3 un.amhff.myn. y f. *adnabod*, gw. GCC 98.

5 **Lludd** *A guedy marv Beli Mavr, yna y gunaethpvyt Llud y mab hynaf
ydav yn urenhin, y gvr a uu guedy hynny ogonedus ac adeilavdyr kaeroed
a dinassoed, ac a atnewydhavys muryoed Llundein a'e thyroed*, gw. BD

44. Deuir ar ei draws hefyd yn y chwedl 'Cyfranc Lludd a Llefelys', gw. TYP² 424–7. Cyfeirir ato yn fynych yn y canu defodol.

6 **treied** Ffurf amhrs.grff.myn. y f. *treio*; ar y terfyniad gw. GCC 85; WG 327.

Wyth sillaf yn y ll.

15 Odl afreolaidd, ond digwydd ar achlysuron eraill, gw. 5.79, 7.52.

17 **gwronder** 'Gwrondra'. Fe'i cofnodir yn GPC 1713, ond perthyn yr enghraifft gynharaf i'r flwyddyn 1838.

18 **clai** Yn drosiadol am y corff dynol, neu rywbeth darfodedig, gw. GPC 489. Yma cyfosodir y corff darfodedig â'r grym (y trosiad *mur*) a ymgorfforid ym mherson Hywel yn ystod ei oes.

n berfeddgoll.

22 *koed Reioll* yw darlleniad yr unig lsgr. Cofnodir y ffurfiau *reiol* a *rheiol* yn GPC 2979, ond y mae'r gynghanedd yn galw am y cyfuniad *coed reiol*.

24 Tybed a fyddai *Pwy sy etifedd*? yn fwy ystyrlon? Atebir y cwestiwn yn y cwpled sy'n dilyn.

f led-lafarog o dan yr acen.

26 **Gruffudd** Yr aer. Ei fab ef oedd Huw Nannau Hen (*c*. 1546–1623).

30 Bu'n rhaid diwygio darlleniad y llsgr.; ond gellid hefyd *Hydre'* i mi *hyder mawr*.

31 Camosodiad d.r = r.d.

32 *n* wreiddgoll.

33–4 Dwg y llau. hyn i gof gwpled clo marwnad Llywelyn Goch i Leucu Llwyd, gw. GLlG 12.103–4. Yr oedd y bardd hwnnw yn aelod o deulu Nannau.

35 *f* led-lafarog.

37 Deusill yw *marw* yn y ll. hon.

38 **Machraeth** Cysegrwyd dwy eglwys iddo, y naill yng nghantref Talybolion ym Môn a'r llall yng nghantref Tal-y-bont ym Meirionnydd, gw. LBS iii, 393; WATU 115. Ffurfiau cyfochrog ar ei enw yw *Machreth* a *Machraith* (yr odl yn mynnu'r ffurf hon yn ll. 12).

42 Yr odl yn mynnu'r ffurf *finne*.

43 Ychwanegwyd llau. 43–6 ar ochr y ddalen yn yr unig lsgr.

44 **dyfawd** Ffurf wneuthur, ac amrywiad ar *dyfod*, a luniwyd er mwyn odli â *Brawd*.

45 Disgwylid i wrthrych *dolef* dreiglo'n feddal, gw. Treigladau 201.

11

Ar ei ran ei hun y canodd y bardd y cywydd hwn i erchi march gan Dudur o Ferain, mab Robert Fychan ap Tudur ab Ieuan ap Tudur ap Gruffudd Llwyd, gw. WG2 1340; L. Dwnn: HV ii, 333–4; PACF 223. Priododd Tudur (yn 1532 yn ôl PACF) â Siân, merch Syr Rowland Vielleville, hwnnw yn fab gordderch i'r brenin Harri VII. Plentyn o'r briodas honno oedd Catrin o Ferain. Fe'i ganed yn 1534–5, gw. ByCy 63.

  5 Wyth sillaf yn y ll.

15–16 **Conwy ... Salbri** Priododd Robert Fychan â Gras, a'i rhieni hi oedd Siôn Aer y Conwy a Sioned Salbri, gw. WG1 327.

18 **Cai** Dichon mai'r e.p. sydd yma yn hytrach nag 2 un.pres.myn. y f. *cael*. Ond efallai fod Mathau yn ailadrodd dwy o ffurfiau'r f. *cael* fel y gwnaeth yn 13.19–20 lle y ceir *cymer*, *cawn*. Ar *Cai*, gw. TYP² 303–7.

32 **march Sain Siôr** Cf. 3.43–6n.

38 **llafn** Perthyn i'r gair gyfoeth o ystyron llythrennol a ffigurol, a gellid ei ddehongli mewn sawl modd yn y cyd-destun: i. 'yn dros. am fflam neu baladr (o olau)', a cf. y disgrifiad o'r dafnau chwys disglair *graen gwlith*; ii. 'rhywbeth mawr neu hir'; iii. 'llanc ifanc cryf', hefyd anifail o'r un natur; iv. 'gwedd, ffurf', gw. GPC 2086–7.

40 **sir** Ymddengys mai swyddogaeth ansoddeiriol sydd i *sir* yma, 'llawen, dymunol'.

42 **tras** Gall mai gwall ydyw am *tres* 'cadwyn, hual', yn ffig. am y cyfrwy a'r offer marchogaeth (a ddisgrifir yn fanwl yn y llau. sy'n dilyn).

49 Cynghanedd drychben (a *cengl* yn safle'r orffwysfa).

12

Fel hyn y disgrifiwyd y cywydd yn RWM i, 545: 'Mar: sion trefor "o gaer oswallt" '. Hawdd tybio, ar sail y cwpled agoriadol, mai cywydd marwnad a luniodd y bardd, ond o edrych yn fanylach ar weddill y gerdd, gwelir mai absenoldeb y noddwr sy'n ei ofidio. Ymddengys fod Siôn Trefor *ar dir Seisnig* (ll. 24) *es tair blynedd* (ll. 2). Nid esbonnir achos yr absenoldeb, ond cyfeirir yn rhan olaf y cywydd at wrthdaro rhwng gwrthrych y gerdd a'i elynion, ac efallai fod a wnelo hyn â'i symudiadau. Dygir i gof drafferthion y gorffennol yn y cywydd a ganodd Gruffudd Hiraethog i Siôn, mab Siôn Trefor Fychan, gw. GGH 34.57–60 *Chwithau, Siôn, coron cariad, / Y gwrda, dwg air dy dad. / Dy goel, oedd diogel uddunt, / A fag iawn am a fu gynt.*

    Mab Edward Trefor Fychan ap Rhisiart ab Edward oedd Siôn Trefor Fychan, gw. WG2 1689. Elsbeth, merch Hwmffre Cinstwn (neu Ginast) ap

Syr Rhosier Cinstwn, oedd ei wraig, a chofnodir ach ei theulu hi yn WG2 131. Canodd Lewys Môn i Edward Trefor Fychan a oedd, fe ymddengys, yn gwnstabl Croesoswallt o dan Iarll Arndel, gw. GLM LXXV.

Collwyd rhannau o'r testun (ar ymylon a godreon y dalennau) ac anodd dilyn rhediad yr ystyr o ganlyniad. At hyn, ymddengys fod rhai o'r darlleniadau yn llwgr, er bod yr unig lawysgrif yn un gynnar—fe'i copïwyd yn ail hanner yr 16g.

14 Chwe sillaf yn y ll. a'r gynghanedd yn wallus, ond nid yw'r geiriau yn eglur yn y llsgr.

21 Cynghanedd sain gadwynog.

23 **gownwaith Aron**   Arweiniodd Aron, gyda'i frawd, Moses, ei bobl o'u caethiwed yn yr Aifft. Ni freiniwyd Moses â huodledd, ac ar ei frawd y syrthiodd y baich o fynegi wrth yr henaduriaid y genadwri a gafodd Moses gan yr Arglwydd, gw. *Y Gwyddoniadur Cymreig*, i (Dinbych, 1875), 1–3; ODCC³ 1; Ecs iv.31. Cynrychiola'r *gownwaith*, a ddisgrifir yn fanwl yn Ecs xxviii, yr archoffeiriadaeth a roddwyd i Aron a'i feibion o'i hiliogaeth.

27 Chwe sillaf yn y ll. fel y'i ceir yn y llsgr., ond ymddengys ei bod yn llwgr. Cymerwyd mai un o ffurfiau'r f. *lluddio* sydd ar ddechrau'r ll., ond efallai mai cynganeddu'r e.p. *Lludd* a'r f. *lladd* oedd bwriad y bardd, a'i fod yn dwyn i gof yr hanes yn 'Cyfranc Lludd a Llefelys' am y modd y lladdodd Lludd y Coraniaid (ar Ludd mab Beli, gw. TYP² 424–7). Cf. sylw Lewys Môn yn GLM LXXI.29–31 *Nâd i'th gorn, adwyth a gaid, / acw'r un o'r Coraniaid: / lladd wenwyn fal Lludd unwaith, / y dŵr-swyn wyd dros ein iaith*.

n wreiddgoll ar ôl diwygio'r ll.

28 **anrheswm**   Gall fod yn a. sy'n goleddfu *traws*, neu yn a. sy'n cyflawni swyddogaeth enwol, ac yn wrthrych *lladd*.

31 *m* berfeddgoll neu gyfatebiaeth m = n.

40 Y gynghanedd sain yn mynnu'r ffurf lafar *diwenieth*.

43 **baedd**   Olrheiniai'r Cinstyniaid eu hach hyd at Iorwerth Goch ap Maredudd ap Bleddyn ap Cynfyn, gw. WG1 28, 64; WG2 131. Yr oedd tri phen baedd ar arfau mam Iorwerth Goch a oedd yn un o ddisgynyddion Bledrus ab Ednywain, gw. DWH ii, 306.

44 **Grae**   Ail wraig Syr Rhosier Cinstwn oedd Elsbeth, merch Harri Grae, Iarll Tancrfil. Priododd Harri Grae ag Antigone, merch anghyfreithlon Hwmffre, Dug Glosedr, gw. *The Complete Peerage*, vi (London, 1926), 138–9.

Wyth sillaf yn y ll. cyn ei diwygio.

48 **difaeliad** Y neg. *di-* + *mael* 'elw, budd, lles' (GPC 2305) + terfyniad y gweithredydd *-iad*. Rhoddir i *maeliad* yr ystyr betrus 'rhoddwr, noddwr' yn GPC 2306 (daw'r enghraifft gynharaf a gofnodir o waith Wiliam Cynwal), ond ymddengys mai ystyr ansoddeiriol—'di-fudd, ofer'—sydd i'r cyfuniad yma (ac yn 20.46 lle yr ailadroddir y ll.).

51 *n* wreiddgoll a chamosodiad r.n = n.r. (neu gamosodiad n.d = d.n ac *n* berfeddgoll).

13

Cywydd moliant i Lewys Gwyn o Drefesgob, a mab Siancyn ap Llywelyn ap Gwilym ap Rhys Llwyd ab Adam ap Rhys ab Einion Sais, gw. WG1 107, 109; WG2 212–17; Pen 114, 112–13. Yr oedd yn un o noddwyr pwysicaf ei ddydd; canodd un bardd ar bymtheg awdlau a chywyddau iddo, a chyfarchodd un ohonynt (sef Huw Arwystl) ef ar naw achlysur—deg, o gyfrif ei gywydd marwnad. Ceir arolwg o'r canu iddo yn NBSD 254–62. Dywedir ei fod yn gwnstabl ac yn siryf yn y canu iddo, a chan fod Huw Arwystl yn ei alw yn Lewis Siôn, gw. *ib.* 256, a cf. Pen 114, 112, tebyg mai ef yw'r Lewis Jones a fu'n gwasanaethu yn siryf Trefaldwyn yn 1543 a 1558, gw. LSEW 263. Sylwer, fodd bynnag, ar y nodyn wrth odre un o'r cywyddau marwnad i Lewys Gwynn, 'Thomas ap howell a k 1552', gw. Pen 114, 152.

Diogelwyd corff helaeth o ganu i Lewys Gwyn a'i deulu yn llawysgrif Pen 114, a chollasid nifer o'r cerddi, eiddo Lewys Powys, Rhisiart Aled, Morgan Elfael, Cadwaladr ap Rhys Trefnant ac eraill, yn ogystal â'r cywydd hwn, pe na buasai am y ffynhonnell hon.

1 **dihaereb** Amr. ar *dihareb*, gw. GPC 1006.

6 **[y] Fêl Ynys** *Kyntaf henv a uu ar yr Ynys Hon* [*Ynys Brydein*], *kyn no'e chael na'e chyuanhedu*: (*C*)*las Merdin. Ac vedy y chael a'e chyuanhedu, Y Vel Ynys*, gw. TYP[2] 228.

7 **ffortunabl** 'Ffortunus, lwcus', gw. GPC 1306. Digwydd mewn ll. debyg o ran ei chynghanedd yn un o gywyddau Tudur Aled, gw. TA LIX.11 *Cwnstabl ffortunabl tanaw*.

13 Cyfatebiaeth m = n (hyn yn debycach na *m*, *n* berfeddgoll).

20 **coed Rys** Diwygiwyd *koed Rhys* y llsgr. er mwyn sicrhau cyfatebiaeth gywir (bydd y gytsain feddal *d* yn caledu pan ddilynir hi gan *rh*, gw. J. Morris-Jones: CD 206, a cf. y gyfatebiaeth yn ll. 38 isod). Y duedd yng ngwaith Mathau a'i gyfoeswyr yw treiglo'r e.p. sy'n dilyn e.c. mewn cyfuniadau genidol, boed yr e.c. hwnnw yn eg. neu'n eb. Cyffredin yw cyfuniadau megis y rhain a godwyd o ganu Lewys Morgannwg: *mab Dewdwr, gwaed Gymru, gwraidd Dredegyr, côr Deilo,*

alarch Lywelyn, gwely Gonstans. Treiglir yn achlysurol hefyd pan ragflaenir yr e.p. gan e.ll., cf. 14.22 *gwreiddion Rydderch.* Eto, pan fydd hynny o fantais i'r bardd, cedwir cysefin yr e.p. fel y gwneir yn 8.19 *coed Rhobart,* 8.22 *mab Rhobyn.* Trafodir yr arfer yn Treigladau 103–13 a geilw T.J. Morgan y cyfuniadau y treiglir ynddynt yr e.p. sy'n dilyn eg. yn 'gystrawen amheus', *ib.* 109.

21 Bai crych a llyfn. Gellid ei osgoi o ddiwygio *rhywiogwraidd* yn *rhywiog-aidd,* ond amharai hynny ar yr odl.

22 **Samson** Yr oedd ei gryfder yn ddiarhebol, gw. Barn xiv–xvi.

Einion Enwir Einion Sais yn y cwpled sy'n dilyn. Yr oedd Siwan Ddu, mam Siancyn ap Llywelyn, yn un o ddisgynyddion Einion ap Collwyn, gw. WG2 607.

23 Ni cheir cyfatebiaeth gytseiniol rhwng y ddau air sydd o dan yr acen. Gellid diwygio yn *gedais,* 1 un.grff.myn. y f. *gadu* 'caniatáu (gwirionedd rhywbeth)', gw. GPC 1367, a cf. 22.2.

24 Ceir trawiad tebyg mewn cywydd o waith Lewys Morgannwg, Pen 96, 163 *yn oi sel einion sais.*

28 **Brychan** Yn Iwerddon y ganed ef, yn ôl traddodiad, ond daeth yn rheolwr ar Frycheiniog, gw. WCD 64; LBS i, 303–21, a cf. IGE² LXXXIX.1–2 *Brycheiniog, bro wych annwyl, / Brychan dir …*

31–2 **Tri cheiliog … Tri phen gwayw** Dyma arfau Einion Sais, gw. DWH ii, 141, a cf. WLl LV.17–20 *Tri cheiliawc myngawc aur man—tra hoffen / Arr triffen gwayw ymwan / Ail Adam bur a dur dan / Wyd a dewr yn dy darian.*

34 *n* berfeddgoll.

35 Rhaid cyfrif *ceidw* yn air deusill.

36 **o choeli** Y treiglad llaes sy'n arferol ar ôl y cysylltair *o,* gw. Treigladau 374.

38 **rheir** Ffurf unsill sy'n amr. ar *ryhir,* gw. GPC 3140 a GSH 2.90n.

42 *r* berfeddgoll.

44 **dlyy** Cymerir mai'r 2 un.pres.myn. sydd yma yn hytrach na'r 3 un.pres.myn. *dyly,* gw. GCC 101.

45 Digwydd yr un ll. yng nghywydd Gruffudd Hiraethog i Lewys Gwyn, gw. GGH 50.20.

52 **wyth gastell** Arferol gynt oedd treiglo'n feddal yr e. a ddilynai'r rhif *wyth,* gw. Treigladau 135.

53–4 **Tri modd … A dyf clod** Fe'u rhestrwyd yn y tri chwpled blaenorol, sef trin pob un yn deg a chyfiawn (llau. 47–8), cosbi'r sawl a dorrai'r gyfraith (llau. 49–50), a chynnig drws agored a chroeso i ymwelwyr (llau. 51–2).

57 Deusill yw *meistr* yma, ond gair unsill ydyw yn ll. 5.

63 Yr odl yn mynnu'r ffurf lafar *gafel*, ond y brifodl neu'r gynghanedd sain yn galw am y ffurf *gafael* yn 3.13–14, 14.5, 20.39–40. Diwygiwyd *bwriest* y llsgr. yn ll. 27 am nad yw'n digwydd yn safle'r odl.

14

Cywydd moliant i Risiart ap Rhys ap Dafydd Llwyd ap Dafydd ap Rhydderch o Ogerddan, a'i wraig, Elliw, merch Wiliam ap Siancyn ab Iorwerth ab Einion. Ceir ach Gogerddan yn WG1 177–9; WG2 363; L. Dwnn: HV i, 44.

1–12 Digwydd y llau. hyn (ac eithrio'r cwpled 5–6) yn y cywydd i Syr Wiliam Gruffudd o'r Penrhyn, gw. 4.5–14.

11 *n* berfeddgoll.

18 **apyrsiâ** Yn ffig. 'gŵr nodedig a digymar'. Ar darddiad y ffurf, gw. GLM IV.66n.

22 **gwreiddion Rydderch** Ceir yr un treiglad yn yr ymadrodd *coed Rys*, gw. 13.20n. Ond ni ellir bod yn gwbl sicr wrth ddehongli tystiolaeth y llsgrau. gan y gall *Rydderch* gynrychioli *Rhydderch* / *Rydderch*.

24 **Tywyn** Trigai rhieni Elliw yn Ynysymaengwyn nid nepell o Dywyn yn sir Feirionnydd, gw. WG1 728; WG2 1427–8.

28 **pennaeth waed** Dyma ddarlleniad yr holl lsgrau. er mai gair cyfansawdd, *penaethwaed* a ddisgwylid (a cf. 3.37n). Ond parai hwnnw fai crych a llyfn. Am enghreifftiau eraill o acennu annaturiol, cf. 19.8, 44.

30 **siryf** Cyfeiria beirdd eraill yn eu canu at y swydd hon (e.e. GLM LXXXII.33–4; GSC 41.5), ond ni ddigwydd yr e. yn rhestr siryfion Ceredigion gan fod bwlch am y blynyddoedd 1461–1540. Bu Rhisiart yn gwasanaethu yn Ustus Heddwch yn y flwyddyn 1543, gw. JPWM 185.

33–40 Cyffelyba Mathau y clerwr i'r helgi sy'n ymlid hydd. Gwelir yr un trosiad estynedig yn TA XVIII.13–22 ac yn GLGC 192.21–8.

41 **marc euriaith** Mewn un llsgr. ddiweddar yn unig y digwydd y darlleniad hwn; *marceiriaith* sydd yn y llsgrau. mwyaf dibynadwy.

15

Llanymawddwy a Mallwyd yw dau blwyf cwmwd Mawddwy, a Dinas
Mawddwy yn ddolen gyswllt rhyngddynt fel y tystia'r bardd, *Tramwy rhwng
y ddeublwy' dda* / *Trwy'r Dinas traw ordeinia*', llau. 65–6, a gw. WATU 154.
Erbyn hyn rhannwyd plwyf Mallwyd a chreu trydydd plwyf, sef Caereinion
Fechan.

Cyhoeddwyd testun o'r cywydd yn *Golud yr Oes*, i (1863), 393–4, yn
seiliedig ar lawysgrif 'agos i dri chan' mlwydd oed' ym meddiant yr awdur,
Cadwgan, ond nid yw'n cyfateb yn union i un o'r ffynonellau a ddefnydd-
iwyd wrth lunio'r golygiad hwn.

 3 **trais trysor** '[Â'r bwriad o] feddiannu da'.

 6 **Mawndfil hen**   Gwyddai'r beirdd am deithiau Siôn Mawndfil i'r
   Dwyrain, gw. W. Beynon Davies, 'Siôn Mawndfil yn Gymraeg', B v
   (1929–31), 287–327.

 9 **deublwy' ddyblwaed**   Cyfeirir yn Treigladau 62 at yr arfer o dreiglo'r a.
   sy'n dilyn *dau* + e. (neu e. cyfansawdd), e.e., *deu wydel uonllwm, dy
   ddeufraich bur wnion*. Cf. isod ll. 65 *y ddeublwy' dda*.

10 Darlleniad F yw *i kenaies* a allai fod yn wall copïo am *Y Cemais*, ond
   yng nghwmwd cyfagos Cyfeiliog yr oedd Cemais, gw. WATU 259, ac
   nid enwir yr un lle yn y cwmwd hwnnw yn y cywydd.

13 **y Dinas**   Eg. yw *dinas* pan fo'n elfen mewn enwau lleoedd, gw. GPC
   1019.

16 **llaw Dduw**   Ar y treiglad, gw. 6.72n.

18 Am enghraifft arall o wrthsefyll treiglo yn dilyn yr orffwysfa, cf. 4.1.

24 **hyd Dyddbrawd**   Cyffredin yw'r calediad yn yr ymadrodd hwn. Am
   enghreifftiau, gw. Treigladau 394.

36 **Tydecho**   Cywydd Dafydd Llwyd o Fathafarn yw ffynhonnell y rhan
   fwyaf o'r traddodiadau a gysylltir â'r sant hwn, gw. GDLl cerdd 52;
   LBS iv, 283–5; Elissa R. Henken, *Traditions of the Welsh Saints* (Cam-
   bridge, 1987), 210–16; WCD 625–6. Yn ôl Dafydd Llwyd, gw. GDLl
   52.41–4, dygodd Maelgwn ychen Tydecho, ond drannoeth *A'r ail dydd,
   bu arial dig,* / *Yr ydoedd geirw yn 'redig.* / *Blaidd llwyd heb oludd,
   lledwar,* / *Ar ôl oedd yn llyfnu'r âr*. Ailadroddir yr hanesyn hwn gan
   Fathau yn llau. 37–40. Ni chrybwyllir yng nghywydd Dafydd Llwyd y
   wyrth y dywed Mathau Brwmffild i'r sant ei chyflawni, ac a ddiogelwyd
   ar lafar gwlad, sef troi'r afon yn llaeth, gw. llau. 41–2. Yn ôl Cadwgan
   yn *Golud yr Oes*, i (1863), 393–4, 'gelwir afon Dyfi am rai milldiroedd
   yn Llaethnant, a'r cwm trwy ba un y rhed yn Gwmllaeth'.

37 Deusill yw *ceirw* yn y ll. hon.

41 *r* wreiddgoll.

50 **wŷr glanach** Disgwylid i'r a. cymharol dreiglo, gw. 6.16n, ond geilw'r gynghanedd am y gysefin. Nid oes enghraifft arall yn y canu o'r gystrawen hon.

51 Yr odl yn mynnu'r ffurfiau llafar *heleth* (yn y ll. hon) a *dierth* (ll. 54).

54 **dierth** Yr odl yn mynnu'r ffurf hon. Digwydd yn un o gywyddau Tudur Aled, gw. TA LXV.27–8 *Gras y gaer, a'i gwŷr, sy gerth, / A gair Duw, a gwŷr dierth* (a thrachefn yn llau. 61–2, 65–6), ond gwelir y ffurf 'lenyddol' yn yr un cywydd, gw. *ib.* 55–6 *O doeth rhai dieithr i hon / Nid aethant heb fendithion.*

58 *r* berfeddgoll.

59 **yn tir** Gw. yr enghreifftiau yn Treigladau 389. Colli'r fannod rhwng yr ardd. a'r e. sy'n cyfrif am y gysefin yn y cyfuniad hwn, ond sylwer hefyd ar ddarlleniad llsgrau. AB.

62 Wyth sillaf yn y ll.

65 **y ddeublwy' dda** Gw. uchod ll. 9n.

16

Awdl farwnad i Domas ap Morgan Gwyn ap Tomas ap Morgan ap Dafydd Fychan o Gil-y-cwm, a ganwyd ar ôl 1534, gw. WG1 300; WG2 577–8. Canodd Lewys Glyn Cothi i'w daid, Tomas ap Morgan, gw. GLGC cerdd 36, a dywed yr un bardd amdano, mewn cywydd iddo ef a'i dri brawd, *ib.* 35.27–30 *Ei fedd, ei ddillad am f'ais, / be cof, yn fab y'u cefais. / Ei dri brodyr a'm ceryn', / nid cas gan Domas un dyn.* Bu Tomas, fel ei frawd Rhys o'i flaen, a'i dad cyn hynny, yn rhingyll cwmwd Malláen, gw. R.A. Griffiths: PW i, 385. Daliai Tomas y swydd rhwng 1520 a 1522.

Y mesurau

1–48	Cyfres o 10 englyn unodl union a dau englyn proest cyfnewidiog (llau. 17–20, 29–32).
49–52	Dau gwpled o gyhydedd nawban (ond nid yw hyd y llau. yn gwbl reolaidd yn y pennill hwn a'r rhai sy'n dilyn).
53–6	Gwawdodyn byr.
57–62	Cyhydedd nawban a dau doddaid.
63–6	Gwawdodyn byr.
67–72	Hir a thoddaid.
73–82	Rhupunt hir.
83–6	Amrywiad ar y rhupunt hir, ond bod dwy ran ll. gyntaf a thrydedd linell y pennill yn cynganeddu yn hytrach nag yn odli megis yn y pennill blaenorol.

87–90   Englyn unodl union.

Gellir rhannu ail ran yr awdl yn nifer o adrannau ar sail yr odl, sef i. llau. 49–72 (odl *-ydd*); ii. llau. 73–8 (odl *-aw*); iii. llau. 79–86 (odl *-ig*). Ceir cyrch-gymeriad rhwng yr englynion yn y gyfres sy'n agor yr awdl, a thrachefn rhwng dechrau a diwedd pob adran: yn llau. 48–9 ailadroddir *yno*; yn llau. 72–3 ailadroddir *herwydd*; yn llau. 86–7 ailadroddir *urddedig / urddas*. Nid oes cymeriad rhwng llau. 78 a 79.

1   **tremyn**   *Trem + hynt*. Diwygiwyd *termin* y llsgr. er mwyn osgoi'r bai crych a llyfn, ond digwydd y bai ar achlysuron eraill yn yr awdl, gw. llau. 21–2, 85. Er bod y diwygiad yn gwella'r ystyr, nid amhriodol y darlleniad gwreiddiol *termin* 'claddedigaeth', er nad yw GPC 3486 yn cydnabod y ffurf hon. Rhestrir *termaint* a geir yn un o gywyddau Iolo Goch, gw. GIG XV.53, 112. Awgrymir y gall *termin* fod yn amrywiad ar *termaint*, cf. y ffurfiau *cymaint*, *cymin* d.g. yn GPC 753.

5–6 Ymddengys fod Mathau Brwmffild yn hoff o ailadrodd y gytsain sy'n dilyn yr acen yn y gyfatebiaeth rhwng y gair cyrch ac ail l. y paladr— *hael / hil* yn yr englyn hwn, a cf. llau. 9–10 (*dewr / oer*), 87–8 (*gwedd / gwaedd*). Nid chyfrifir y parau hyn y enghreifftiau o'r bai proest i'r odl, gw. J. Morris-Jones: CD 254.

12 **Rhys Du**   Lleucu, merch Rhys Ddu, oedd gwraig gyntaf Morgan ap Dafydd Fychan.

    Twyll gynghanedd *dd*.

15 *r* berfeddgoll ar ôl diwygio'r ll.

21–2 Bai crych a llyfn yn y gyfatebiaeth rhwng y gair cyrch a dechrau ail l. y paladr.

22 **dau Domas**   Enwir un yn yr ach uchod, sef Tomas ap Morgan ap Dafydd Fychan. Cynigir peth gwybodaeth am ei yrfa yn R.A. Griffiths: PW i, 302. Mam Morgan Gwyn oedd Elin, merch Tomas Fychan.

24 **Melwas**   Cyfeirir yn GDG 496 at y chwedl am Felwas yn cipio Gwen-hwyfar, ond canmoliaethus yw'r cyfeiriadau ato yng nghanu Lewys Glyn Cothi a Thudur Aled (gw. mynegeion GLGC a TA).

    n wreiddgoll.

33–4 Dwy l. y paladr sillaf yn brin.

36 **bôn**   Cynrychioli'r 1 ll.pres.dib. *bôm* a wna'r ffurf hon yn hytrach na'r 3 ll. *bônt*. Gwelir enghraifft gyffelyb o ddefnyddio terfyniad â blas llafar yn 4.33.

40 **Gronwy Goch**   Ail wraig Tomas ap Morgan, a mam Morgan Gwyn, oedd Elin, merch Tomas Fychan ap Tomas … Goronwy Goch,

arglwydd Llangathen ... Idnerth (ll. 42) ap Cadwgon ... Elystan Glodrydd (ll. 42), gw. WG1 402–5.

46 **Caeo** Cysylltir tylwyth Tomas ap Morgan Gwyn â phlwyf Cynwyl Gaeo. Dylid nodi hefyd mai ail wraig Morgan ap Dafydd Fychan oedd Ann, merch Dafydd ... Dafydd o Gaeo, gw. WG1 233. Yng nghwmwd Malláen yr oedd Cil-y-cwm, ond ffiniai â chwmwd Caeo, gw. WATU 250.

49 *n* wreiddgoll.

50 Ceir cynghanedd gywir o dderbyn mai *nefoedd* sydd yn safle'r orffwysfa.

52 **diofnig** *Di* + *ofnig*. Cofnodir y ffurfiau *ofnus*, *ofnog* yn GPC 2632, ond ni ddigwydd *ofnig* yno.

53 **cywely** Mari, ferch Hopgyn ap Dafydd ap Hopgyn, oedd gwraig Tomas ap Morgan Gwyn, gw. WG2 450.

55 Gellid y gair cyfansawdd *loeswar* ond parai hyn fai crych a llyfn.

58 **Dafydd** Fe'i henwir ynghyd â'i frodyr, Hopgyn (ll. 59) a Morgan (ll. 61) yn WG2, a phum brawd arall.

59 **mal hirddydd—yr haf** Ailadroddir y syniad mewn cywydd arall, gw. 14.25–6 *Dwyn eich rhyw,—daw'n iach ryhir*; / *Ni dderfydd mal hafddydd hir*, a cf. 17.3 *Rhys, wyd flodeuyn rhos haf*.

60 **Gweirydd** Yr oedd Gweirydd ap Rhys Goch yn bennaeth un o bymtheg llwyth Gwynedd, ond y cymeriad chwedlonol, Gweirydd Adarweinidog, sydd dan sylw yma, gw. G 650.

63 Bernir bod ll. wedi ei cholli yn y pennill hwn ac yn y pennill sy'n dilyn (ll. 68), er na ddangosir hynny yn y llsgr.

65–6 **brodyr ... chwiorydd** Yr oedd i Domas ap Morgan Gwyn ddau frawd, Gwilym a Rhys Fychan, a thair chwaer, yn ôl WG2.

76 *r* wreiddgoll.

77 **llyf** Rhoddir i'r gair yn GPC 2254 ddwy ystyr, a gwedda'r ddwy yn y cyd-destun, sef i. 'aflan, brwnt' a ii. 'ewyllysgar, parod'.

80 **gwanfriw** Gallai fod yn gyfuniad o *gwan* + *briw* 'briw i weiniaid' neu o *gwân* + *briw* 'briw sy'n peri archoll'.

82 Cyfatebiaeth n = m.

85 Bai crych a llyfn.

89 **gallel** Fe'i nodir yn amr. ar y ffurf *gallu* yn GPC 1377.

90 *n* wreiddgoll.

17

Cywydd moliant i Rys Rhyd (neu Read) o'r Castell Moel ym mhlwyf
Maenor Gain, cwmwd Derllys yn sir Gaerfyrddin, gw. WATU 125. Yr
oedd yn fab i Nicolas ab Edward ap Rhisiart ap Tomas, gw. WG2 1461,
1463, gŵr y canodd Lewys Glyn Cothi gywydd moliant iddo rhwng 1485
(enwir Syr Rhys ap Thomas a urddwyd yn farchog ar faes y frwydr ym
Mosworth) a 1489 (blwyddyn marw'r bardd), gw. GLGC cerdd 68, a t.
xxii. Ni ddiogelwyd canu i unrhyw aelod arall o'r teulu. Bu farw Tomas
Rhyd yn 1417, gw. Francis Green x, 161, a thrwy briodas ei fab, Rhisiart, y
daeth Maenor Gain yn eiddo i'r teulu. Erys olion y castell a gododd y teulu
ar safle'r hen gastell hyd heddiw, gw. NBSG 213–15.

Nid enwir un o ddwy wraig Rhys yn y cywydd, a diau mai yn fuan wedi
iddo ddod i'w etifeddiaeth y cyfarchodd Mathau Brwmffild ef. Hynny yn
ddiau sy'n esbonio'r cynghorion a gynigir, a dwg yr ail gwpled i gof gywydd
Dafydd Nanmor i annog ac i gynghori Rhys ap Rhydderch ap Rhys,
etifedd ifanc y Tywyn.

3–4 Cf. y cwpled agoriadol yng nghywydd Dafydd Nanmor i Rys ap
Rhydderch ap Rhys, gw. OBWV 78.1–2. Er bod canu Dafydd Nanmor
i deulu'r Tywyn yn bur adnabyddus erbyn hyn ar gyfrif sylwadau
Saunders Lewis yn ei ysgrif adolygiad ar *The Poetical Works of Dafydd
Nanmor*, gw. *Meistri'r Canrifoedd*, gol. R. Geraint Gruffydd (Caerdydd,
1973), 80–92, ni chopïwyd y canu hwnnw wedi dyddiau'r bardd ar
raddfa helaeth. Mewn chwe llsgr. yn unig y digwydd y cywydd sy'n
cynnwys y cwpled. Y mae'n arwyddocaol fod cyswllt rhwng y ddau
deulu dan sylw. Yr oedd Sioned, gwraig Rhydderch ap Rhys o'r Tywyn
(ond nid hi oedd mam Rhys ap Rhydderch a gyfarchwyd gan Ddafydd
Nanmor), yn gyfnither i Sioned, gwraig Edward ap Rhisiart Rhyd, gw.
WG2 926.

10 **Iarll y Cawg** Gw. isod. ll. 20n.

12 **gwnder** Cymerir mai'r e.c. sydd yma, ond tâl nodi mai gwraig Rhisiart
ap Tomas oedd Elsbeth Winter, a gall fod *Gwnder* yn cynrychioli
ymgais y bardd i Gymreigio'r cyfenw Saesneg.

14 **Cadw** Yr e.p. Cadw [Ddoeth], gw. TYP² 128, neu, o bosibl, ffurf 2
un.grch. *cadw* (yn ddeusill).

Ieuan Nain Rhys o du ei fam oedd Lleucu ferch Ieuan, ond yn llau.
21–2 y cyfeiria'r bardd at ei llinach hi. Ni welwyd yr un Ieuan arall yn
ach Rhys Rhyd. Dichon fod y ddau gwpled wedi eu camleoli, ac y
dylai'r naill ddilyn y llall.

15–16 **Gruffudd ... Nicolas** Priododd Edward ap Rhisiart â Sioned, merch Owain ap Gruffudd ap Nicolas ... Elidir Ddu (ll. 18), gw. WG1 330; WG2 649.

20 **Urien Rheged** Ystyriai teulu Owain ap Gruffudd eu bod yn disgyn o Urien Rheged, a gwelid brain Urien ar eu harfbais, gw. DWH i, 195. Daeth Owain ab Urien yn arwr chwedlonol ac yn ffigur canolog yn y chwedl 'Iarlles y Ffynnon'. Ei anturiaethau yn y chwedl honno a roes iddo'r enw 'Iarll y Cawg', gw. TYP² 479–83.

22 **Gwilym Llwyd** Catrin, merch Dafydd ap Llywelyn ap Gwilym Llwyd, oedd mam Rhys Rhyd, gw. WG1 169; WG2 351.

35 **Syr Rhys** Cyffelybir Rhys Rhyd i dri marchog, a deisyfir ei weld yntau yn derbyn yr un anrhydedd. Gallai Rhys Rhyd arddel cyswllt gwaed â'r cyntaf, Syr Rhys ap Tomas, a urddwyd yn farchog ar faes y frwydr yn Bosworth yn dilyn buddugoliaeth Harri Tudur. Yr oedd Syr Rhys ap Tomas yn frawd i Sioned, gwraig Rhydderch ap Rhys o'r Tywyn, ac yn gefnder i Sioned, gwraig Edward ap Rhisiart Rhyd (gw. uchod 3–4n).

37 **Syr Hywel** Syr Hywel y Fwyall, cwnstabl Castell Cricieth, a gŵr y canodd Iolo Goch ac eraill ei glodydd, gw. CLC² 354; GIG II; GSRh cerdd 6 (Rhisierdyn). Cymerodd ran ym mrwydr Poitiers (1356).

39 **Syr Huw** Diwygiwyd *saer hy* y llsgrau. Y mae'n bosibl fod yma gyfeiriad at Hu Gadarn, Ymherodr Caergystennin, gw. CLC² 338; WCD 367–8; GIG XXVIII.63–78, ond ni fydd y beirdd fel arfer yn galw Hu Gadarn yn Syr Hu. Gan i'r bardd enwi dau gymeriad hanesyddol, diau mai rhyw farchog adnabyddus ac iddo gyswllt â sir Gaerfyrddin (*yn ein sir*) sydd dan sylw. Nid enwir yr un Syr Huw ymhlith marchogion sir Gaerfyrddin yn rhestr W.R.B. Robinson, 'Knighted Welsh landowners, 1485–1558: a provisional list', Cylchg HC 13 (1986–7), 288–9, ond dichon y buasai Syr Huw (neu Hugh) Johnys yn hysbys i gynulleidfa'r bardd, gw. *ib.* 291–2. Bu'n ymladd yn y Dwyrain Canol yng ngwasanaeth Ymherodr Caergystennin yn nhridegau'r 15g. ac fe'i hurddwyd yn un o Farchogion y Bedd yn 1441, gw. *id.*, 'Sir Hugh Johnys: A fifteenth-century Welsh knight', *Morgannwg*, xiv (1970), 5–34.

f led-lafarog o dan yr acen.

41 Cynghanedd sain drosgl.

18

Cartrefai Gruffudd Dwnn ab Owain ap Robert yn Ystradmerthyr ger Cydweli, gw. CLC² 203; WG2 1193; L. Dwnn: HV i, 58; NBSG 361–87; G.H. Hughes, 'Y Dwniaid', THSC 1941, yn fwyaf arbennig 136–9, 140–6. Yr oedd yn ŵr anghyffredin: yn fardd ac yn gopïwr llawysgrifau, a bu nifer o lawysgrifau pwysig yn ei feddiant gan gynnwys Llawysgrif Hendre-gadredd (LlGC 6680B) a dau gasgliad o ganu Lewys Glyn Cothi yn ei law ei hun, sef Pen 70 a 109.

Canodd Siôn Teg y cyntaf o'i wyth cywydd i Ruffudd yn 1520, ond ymwelai beirdd o bob rhan o Gymru â'i gartref yn ystod y blynyddoedd 1530–66, a diogelwyd awdlau iddo gan chwe bardd, cywyddau gan ddeg bardd ac englynion gan 24 bardd (a Wiliam Salesbury yn eu plith. Diau i'r olaf ymweld â Gruffudd Dwnn pan oedd yn aros ym mhlas yr esgob yn Abergwili, ac yn cynorthwyo Richard Davies i gyfieithu'r Testament Newydd). Copïwyd llawer o'r cerddi a ganwyd iddo gan Ruffudd ei hun, a chan y beirdd a'i cyfarchodd, yn Llst 40. Yr oedd y bardd Syr Owain ap Gwilym yn ymwelydd cyson ag Ystradmerthyr. Dengys y cerddi yn ei law yn Llst 40 iddo ymweld â'r cartref yn 1553, 1540, 1543, 1545 a 1550, ac yr oedd yn dal i ganu i Ruffudd Dwnn yn 1561, gw. D.G. Williams, 'Syr Owain ap Gwilym', LlCy vi (1960–1), 179–93.

Yn Llst 133 yn unig y ceir y gyfres hon o waith Mathau Brwmffild yn llawn; yr englyn cyntaf sy'n digwydd yn y ffynonellau eraill. Y mae dechrau'r ddwy linell gyntaf yn aneglur yn Llst 7, ond llwyddodd Gwenogvryn Evans i'w darllen, gw. RWM ii, 440.

1, 4 Bai trwm ac ysgafn o odli *sôn* / *hon*. Ceid odl reolaidd o fabwysiadu darlleniad llsgr. A.

   1 **llys rydd** Fe'i cyfrifid yn eb. yn y cyfnod hwn fel y tystia'r rh. sy'n cloi'r englyn; ond gthg. darlleniadau ACDE.

   4 **llaw Dduw** Ar y treiglad, gw. 6.72n.

   7 **Caer Gwydion** Gw. ymhellach 7.94n, 19.56n.

   8 **croestai Rôn** Dinas Rouen ar lannau Afon Seine, ryw bedwar ugain milltir i'r gogledd o Baris. Bu'r ddinas ym meddiant y Saeson yn ystod cyfnod olaf y Rhyfel Canmlynedd ac fe'i henwir yn fynych o'r herwydd yng nghanu'r beirdd. Wrth stanc yn sgwâr y farchnad y llosgwyd Siân d'Arc ar 30 Mai 1431. Aeth eglwys gadeiriol Rôn ar dân ar ddechrau'r 13g. a chodwyd eglwys newydd mewn arddull gothig (fe'i henwogwyd mae o law trwy luniau Monet) rhwng 1201 a 1530, gw. NCE 12, 687–8; MEnc.

  11 **neuaddlys** Eb. yn unig yn ôl GPC 2575 ond os treiglir yr a. sy'n dilyn collir y gyfatebiaeth gytseiniol.

  14 Bwlch yn y llsgr.

17–18 Bai crych a llyfn yn y gyfatebiaeth rhwng y gair cyrch ac ail ran y paladr.

17 **blin hwrdd** Diwygiwyd *blin wrdd* y llsgr. Gellid hefyd y gair *blinwr* 'poenwr, aflonyddwr', gw. GPC 287, er na fyddai'r diwygiad hwnnw yn gwella'r diffyg cynganeddol.

18 **blaenoraidd** 'Yn arwain, yn cymell'. Nis rhestrir yn GPC 282.

19

2 Wyth sillaf yn y ll.

r berfeddgoll.

3–26 Yn rhan gyntaf y cywydd, disgrifir aelodau corff y ferch yn eu tro gan ddechrau â'i thalcen a gorffen â'i thraed. Ar gonfensiwn y *descriptio pulchritudinis*, gw. A.T. Matonis, 'Nodiadau ar Rethreg y Cywyddwyr', Traeth cxxxiii (1978), 155–67.

6 **Sini** Dyma'r enw a ysgrifennwyd yn wreiddiol yn Card 4.156 [= RWM 64], ond ychwanegwyd *a* i'w droi yn *Siani*. *Fini* a gopïwyd yn y lle cyntaf yn LlGC 2691D, ond ysgrifennwyd *Siani* uwch ei ben. Nid oedd yn e. cyffredin, a barnu wrth y rhestrau yn WG1 a WG2, ond cofnodir sawl enghraifft o'r enw Seina, a hynny ym Mhowys, gw. WG2 xvii, 323.

8 Y darlleniad naturiol fyddai *Myn y gwirDduw, mae'n gwawrddydd* (cf. 6.70 *goreuDduw*, 16.33 *gwirDduw*, 19.32 *gwiwDduw*), ond y mae'r cwpled yn mynnu prifodl acennog. Cf. isod ll. 44.

10 **goldweir** 'Gwifr neu edau aur i addurno gwallt merch', gw. GPC 1448 (ond *goldwir* yw'r ffurf a gofnodir yno). Sylwer hefyd ar y ffurf *gowldwier* yn llsgr. A.

14 **dielwodd** 'Mynd yn ddiddim, darfod, gwywo' yw'r ystyron a roddir i *dielwa*, gw. GPC 973, ond i'r flwyddyn 1603 y perthyn yr enghraifft gynharaf. Ni roddir amlygrwydd i'r thema hon yn y cywydd.

17 Camosodiad l.r = r.l.

26 *n* berfeddgoll.

29 *n* wreiddgoll.

30 **Iarlles Gent** Nid yw ergyd y ll. yn amlwg. Gall yr ail elfen fod yn ffurf dreigledig *Cent* (sef Caint), neu yn ffurf gysefin, *Gent* (yng ngwlad Belg). Cyfeiria Lewys Môn at Iarll Cent, gw. GLM LXXXVII.25–6, ac esbonia'r golygydd fod aelodau teulu Grey o Ruthun yn cael eu hadnabod wrth yr e. hwnnw. Ond gellir cynnig dadl o blaid derbyn darlleniad llsgr. D hefyd, sef *Iarlles Gwent*. Enwir *Gvenhvyuar verch Gvryt Gvent* yn y triawd 'Tair Prif Riain Arthur', gw. TYP² 154.

m wreiddgoll.

31 *f* led-lafarog.

33 Y ffurf lafar *berffeth* yn cynnal yr odl yn y gynghanedd sain.

37 **gweles** Ffurf 1 un.grff.myn. y f. *gweld* yn hytrach na 3 un.grff.myn.

38 **lawnt** 'Lliain main tebyg i gamrig', gw. GPC 2056.

39 **Elen ferch Coel** Trafodir rhai o'r traddodiadau am Elen Luyddog, merch Eudaf, a gwraig Macsen yn y chwedl 'Breuddwyd Macsen', a'r cymysgu rhyngddi a'r santes Rufeinig Helena yr honnir iddi fynd ar bererindod i Gaersalem a darganfod y Groes, yn TYP² 341–3. Cyfeiria Guto'r Glyn (GGl² LXXVIII.17–24), Lewys Môn (GLM XXIV.71–6) a Thudur Aled (TA LXXVI.95–102) at dair Elen, ac y mae'n amlwg eu bod hwy yn gyfarwydd â thraddodiad amgen. Y tair Elen a grybwyllir ganddynt yw i. Elen Fannog, sef Elen o Droea, gw. 5.90; ii. Elen, merch Eudaf a gwraig Macsen; iii. Elen merch Coel. Geilw Lewys Môn y drydedd yn 'Elen Luyddog' (ond gw. *ib*. LXII.45–54 lle y crybwyllir *Elen … Luyddog … merch hen Eudaf*) a hi, yn ôl Tudur Aled, *a ddaeth a'r Groes* (TA LXXVI.98). Gw. ymhellach adolygiad E.I. Rowlands ar TYP yn LlCy vi (1960–1), 238.

Ceir yma dair cytsain nad atebir mohonynt, sef *n, f, r*.

40 **sirioel** Y mae'r odl yn mynnu'r ffurf hon ond nis cofnodir yn GPC 3292.

42 **Efa** Cyfeirir yn un o'r Trioedd at ei phrydferthwch, 'Tair Gwragedd a gafas pryd Efa yn nhri thraean', gw. TYP² 129.

43–4 Tystia'r cwpled hwn a ll. 56 mai merch o Gaerfyrddin oedd Sini, a gw. ymhellach y cyfeiriad at *deheuwlad* ll. 53.

44 **clud fardd** Rhestrir y gair cyfansawdd *cludfardd* yn GPC 509–10, ond rhaid rhannu'r ddwy elfen yma gan fod *clud* yn safle'r orffwysfa. 'Bardd moliant' yw'r ystyr a gynigir yn GPC (er nad oes enghreifftiau o'r 15g. na'r 16g.), ond yng nghyd-destun canu Mathau Brwmffild, tra phriodol yw ystyr lythrennol *cludfardd* 'bardd sy'n cludo [ei fawl at ei noddwr]'.

45 **gwisg** Diau mai'r ystyron 'ymdrwsia, addurna, ymbincia' sy'n gweddu orau yma, gw. GPC 1671.

55 Dilynwyd darlleniad y llsgrau. er nad yw'r gyfatebiaeth gytseiniol yn gwbl reolaidd (-b rh- = b). Cf. 15.12 *Nid rhaid i mi un troed mwy* (-d rh- = t.r) ond gthg. 5.75 *Na bo grwn o Bilstwn heb hau* (b = -b h-) a 1.50 *Mredudd, onest hydd, nos daed* (-st h- = -s d-). Gellid cywiro'r diffyg o ddiwygio *pybyr* yn *pupur*, a dadlennol yn y cyswllt hwn yr enghraifft drosiadol gyntaf a nodir yn GPC 2930 *ei dafod parod fegis peren—abl / a wnâi bob parabl yn bupuren*, gw. GLGC 178.39–40.

56 **caer Myrddin** Ymddengys mai Sieffre o Fynwy oedd y cyntaf i gysylltu Myrddin â Chaerfyrddin, gw. TYP² 472. Disgwylid treiglad i'r e.p. *Myrddin* yn dilyn yr eb. *caer*, gw. Treigladau 104–5, a digwydd hyn pan drychir yr enw yn llau. 43–4 uchod; ond yma y mae'r gynghanedd

yn mynnu'r gysefin. Er nad yw'r gystrawen yn un reolaidd, y mae'n arwyddocaol fod y bardd yn ei hailadrodd yn 7.94 a 18.7 lle y ceir y cyfuniad *Caer Gwydion.*

60 Cyfatebiaeth n = m (neu *n* wreiddgoll).

20

Cyw: *mol*: *Sion Fychan ap Huw ap Siencyn* yw'r geiriau a roes Wiliam Bodwrda uwchben y cywydd yn yr unig gopi cynnar a ddiogelwyd, ond nid yw'r teitlau a roddir i'r cywyddau yn y llawysgrifau yn gywir bob tro, ac awgryma trydydd cwpled y gerdd mai Siôn Fychan ap Siôn ap Huw a gyfarchodd y bardd. Ysywaeth, ni ddigwydd yr enw hwn yn WG2, na'r enw Siôn Fychan ap Huw ap Siancyn o ran hynny. Ni welwyd unrhyw gerddi eraill iddo yn Llst 125, ac nid oes cofnod am unrhyw gerddi eraill a ganwyd iddo yn MCF. Nid oes dim yn y cywydd sydd o gymorth i'w leoli—er bod y cyfeiriadau achyddol yn lluosog, ond gall hynny awgrymu nad oedd y gwrthrych yn ŵr adnabyddus—ac eithrio'r disgrifiad *gosawg Gwynedd* (ll. 4). Y mae'n hysbys fod yn llawysgrifau Wiliam Bodwrda lawer o gerddi i uchelwyr Arfon a Gwynedd Uwch Conwy nas ceir mewn unrhyw ffynhonnell arall, rhai wedi eu codi o lawysgrifau a gollwyd bellach ac eraill wedi eu trosglwyddo ar lafar. Fodd bynnag, cysylltir Siôn Fychan â theuluoedd o ranbarthau eraill, yn eu plith Bleddyn ap Cynfyn o Bowys (ll. 25), Llawdden (ll. 28) y trigai ei ddisgynyddion yn Uwch Aeron, gw. WG1 583–6, ac Wgant (ll. 20) a gysylltir â Phenfro, gw. WG1 86; L. Dwnn: HV i, 107. Gellir esbonio llawer o'r cyfeiriadau achyddol yn y cywydd— ond nid y cyfan o bell ffordd—o dderbyn mai Siôn ap Huw ap Hywel ap Siancyn o Ynysymaengwyn yw gwrthrych y cywydd. Bu farw'r gŵr hwn yn 1561, a cheir ei ach yn WG1 728; WG2 1427–8.

   Y mae'n bosibl mai gŵr ifanc oedd Siôn Fychan pan ganwyd y cywydd; nid enwir ei wraig na'i blant.

1 *r* berfeddgoll.

13 Y brifodl yn mynnu'r ffurf lafar *awdureth.*

16 **llin Rydderch** Sylwer mai dyma'r unig enghraifft o dreiglo e.p. ar ôl *llin* yng nghanu Mathau (gthg. 6.58, 8.21, 14.19, 17.22, 20.13).

20 **Wgant** Gw. y nodyn brig. Tâl nodi bod Dafydd ap Gwilym yn crybwyll *Gwlad Wgon … Gleddyfrudd* yn ei gywydd 'Serch fel Ysgyfarnog', a chynigir mai Gwgon ap Meurig, a fu'n frenin ar Geredigion ac a fu farw tua 871 oedd hwn, gw. GDG xxxiii, 46.67–8n.

21-2 **Gwyddno … Elffin** Arwr a oedd yn gysylltiedig â'r Hen Ogledd oedd Gwyddno yn wreiddiol, ond diogelwyd chwedlau am foddi ei diroedd a leolid ar hyd arfordir gogledd Cymru a hefyd ar hyd arfordir

Ceredigion, gw., e.e., GGl² XI.63–4 *Cwynfan Gwyddno Garanir / Y troes Duw'r môr dros ei dir* (cywydd marwnad i'r Abad Rhys o Ystrad-fflur). Ystyriai nifer o deuluoedd y sir eu bod yn ddisgynyddion iddo. Y mae ei fab, Elffin, yn gymeriad pwysig yn Chwedl Taliesin, gw. TYP² 397–400.

22 **Olffant** Priododd Mathau Wgon ag Alis, merch Walter Malephant (neu Maliffawnt), a chymerir mai ffurf ar yr enw hwnnw yw *Olffant*, gw. WG1 86; L. Dwnn: HV i, 107.

27 **wyth gyff** Cf. 13.52n.

28 Cadw cysefin gwrthrych ffurf 3 un.pres.dib. y f. yw'r arfer, gw. Treigladau 213.

31 *r* berfeddgoll.

33 **gŵr offis** Cyfuniad o *gŵr* + *offis* (o'r S.C. *office*), gw. GPC 2636. Tybiwyd y gallai fod yma e.p., *Gwroffis*, ond ni welwyd yr un cyfeiriad at y ffurf honno.

45 Gair gwan, sef yr ardd. *drwy*, yn cynnal yr orffwysfa.

21

Cywydd moliant i Ruffudd Dwnn, gw. cerdd 18. Copïwyd y ddau gwpled ar ochr y ddalen yn LlGC 3063E gan Ruffudd Dwnn ei hun, a nododd wrth eu godre *mathav bronnffild o wynedd ai kantt y ddav gwpl gyntaf ar gywydd i ryffydd dwnn*. Testun o chwedlau'r Greal sydd yn y llawysgrif hon, ac fe'i copïwyd ar ran Syr Rhys ap Tomas gan ŵr o'r enw Gwilym ap Siôn ap Gwilym. Maes o law, daeth i ddwylo Gruffudd Dwnn, ac ychwanegodd yma a thraw ar ochr y tudalennau linellau agoriadol rhai o'r cerddi a ganwyd iddo, a nifer ohonynt yn anhysbys bellach, gw. *Ystoryaeu Seint Greal*, gol. Thomas Jones (Caerdydd, 1992), xvi–xvii. (Diolchaf i'r Athro Dafydd Johnston am alw fy sylw at y cyfeiriad hwn.)

22

Cyhoeddwyd yn GLM yr englynion ymryson a luniodd Lewys Môn a'i gyd-feirdd—Tudur Aled, Gruffudd ab Ieuan a Lewys Daron—ynghyd â'r cywydd marwnad a ganodd Dafydd Alaw i Lewys Môn (cerdd XCVIII). Y mae'n amlwg na wyddai'r golygydd am yr englyn hwn a ganodd Mathau Brwmffild i Lewys. Ond y mae lle i amau'r awduraeth. Fe'i priodolir i Wiliam Llŷn mewn nifer o ffynonellau a'i hawlio i'r bardd hwnnw yn GWLl cerdd 196. Fe'i priodolir hefyd i Lewys Morgannwg, ac awgrymir yn CM 25, 25 mai Morys Gethin a gyfarchwyd ganddo, gw. cerdd 3 yn yr adran ar Forys Gethin yn A. Cynfael Lake, 'Pedwar o Farwnadwyr Tudur

Aled' (Ph.D. Cymru [Aberystwyth], 1994). Seiliwyd y testun ar y ffynonellau lle y priodolir yr englyn i Fathau Brwmffild.

Geirfa

Os digwydd yr un gair neu ymadrodd fwy nag unwaith yn yr un gerdd, cofnodir yr enghraifft gyntaf yn unig. Oni chyfeirir at nodyn, ni restrir ffurfiau personol berfau—rhoddir berfenwau yn unig.

aberffrwd 11.46

absen 2.21n, 9.25

achlod cywilydd, gwarthrudd 1.60n

achreth twymyn, braw 10.38

adail adeilad 7.94, 18.7

adeildy 8.49n

adeiliad 2.9n

adnabod *3un.amhff.myn.* ’dwaeniad 10.4n

afall pren afalau 8.17

anap 2.12, 9.24

anrheswm 12.28n

ansodd amr. *ansawdd* 5.17; *ll.* ansoddion 7.75

apyrsiâ 14.18n

arail 3.33n

arddu trin tir 15.38

arglwyddwaed 14.24

arial nwyf, dewrder 5.3

astud 5.9n

ateg post, cynhalbren, *ll.* **ategion** 7.92

awch 1.59n, 7.35, 16.66

bar 21.4

bâr llid, gofid, angerdd 1.53, 2.34, 4.49, 9.38

barwn 5.21, 7.32, 18.20

bery aderyn ysglyfaethus, barcut 7.97

bilio, biliaw 12.48, 20.46

blaenoraidd 18.18n

boneddigliw 14.46

brau parod, hael 4.42, 6.1, 7.35, 8.22, 11.16, 13.11

brawdwr barnwr, swyddog 7.35

breiddfyw 16.34

breisgwydd 18.17

brenhinbren 16.17

brenhinwydd 16.62

brest 13.27

breuder haelioni, mawrfrydigrwydd 4.59, 7.36

breuffrwyth 13.12, 20.26

breugerdd 22.1

breuglod 12.19

breugost 20.11

briglwyth 16.22

brodir 2.4, 4.59, 8.15, 9.6

brongengl *bron + cengl* ‘rhwymyn am gorff march i sicrhau’r cyfrwy’ 11.54

browysgad *browys* ‘egnïol, bywiog’ + *cad* ‘brwydr’ 18.17

bwriad tafliad, cwymp 1.55

bytheiad helgi 14.33

byw ynni, bywiogrwydd 5.48, 11.55; bywyd 5.57; meidrol(ion) 6.44

bywyd cynhaliaeth, cyfoeth 7.9

cadeirio ymganghennu 20.8

cadeiriawg canghennog 8.52

cadeirwydd 16.64

cadr prydweddol, grymus 3.37, 5.58

cadwen amr. *cadwyn* 5.41

gwreigdda 1.36
gŵr march 5.63
gŵr offis 20.33n
gwronder 10.17n
gwrych clawdd, llwyn 12.44
gwryd hyd y ddwyfraich 11.24
gwyddo tyfu'n wyllt 1.7n
gwyrda gw. gwrda
gwyry ll. gweryddon 5.102, 6.70
haearnbig 3.52
haelDad 15.44
haelfam 6.36
haelfawr 11.3
haelwalch 13.27
hafddydd 14.26
hap 1.29, 15.14, 18.16
harddbost 12.11
harddrem 9.13
heldir 15.29
helynt cwrs, llwybr 4.7, 5.72,
    10.27, 13.27, 14.3, 20.60
henaur 12.44, 20.4
hendad 18.18
hengarw 5.28
henieirll 1.24
henwart hen + gwart
    'gwarchodaeth' 5.45
hirddrwg 2.15, 9.13
hirddydd 16.59n
hirffordd 3.38
hirwen 5.74
hofiáu 3.46n
hoywaneg 5.39n
hoywdlos 19.4
hoywdda 4.51
hoywfaeth 4.61
hoywradd 19.3
hudol dewin 11.33; hudoles 19.4
hwylbren 7.43
hwylwedd 15.21
hwyrddrem 2.15n
hwyrwaith 10.29
hydraul hael, mawr ei draul 6.12

hylew 2.63n
hylwydd 5.86
iarll 5.19, 13.64, 20.3; ll. ieirll
    9.18, 20.11
iawnDad 14.55
iawngamp 6.17
iawnlwyth 5.84n
iawnwalch 16.48
iawnwart iawn + gwart
    'gwarchodaeth' 2.19
iawnwych 15.55, 19.19
Iôn 7.61
irfwyn 19.2
irwych 15.7, 21.1
irwydd 7.104
lawnt 19.38n
llafn 11.38n
llawes ymyl, cwr 11.37
llawnwaed 14.19
llesiant lles, elw 16.38
llesiwr cymwynaswr 7.107
llinon gwaywffon 7.77, 14.22
llithio porthi 6.8
lliwus glandeg, prydweddol 19.30
lloned 4.69n
llwydlan 6.42
llwydwyn 2.33, 9.37
llyf 16.77n
llyfngrwn 11.38
malsai 6.7
marwol difywyd 10.7
mas, S. mace, arwydd awdurdod
    6.25
mastrolaeth 5.35n, 17.41
mawlfryd 11.25
mawrddawn 10.18
mawrdraul 10.15
mawrglod 4.29, 16.21
mawrgnyw 3.61
mawrior 17.45
meingarw 11.1
meinwasg 19.23
moesgamp 19.18

rhÿwr 3.35n
sâl rhodd 3.28
sawden Swltan, pennaeth 4.19
Seisnig 12.24
sersiant 6.23
sinsur 11.32
sir llawenydd 8.45, 11.40n
siri 6.19
sirioel 19.40n
siryf 14.30n
sud ffurf, modd 11.21, 13.31
swyddwr 13.51
tair cyfraith 9.16n
taledig 7.58n
tarfod 3.57n
taro'r bêl gw. pêl
teirgwlad 7.38
ton croen, wyneb 18.9
tras 11.42n
treiglo mynychu 4.70
treiglwr 12.35
treio *amhrs.grff.myn.* treied 10.6n
tremyn 16.1n
triael, y 4.14, 14.5, 17.28
Trindod 14.55
trinwyllt 5.67
truth honiad, geiriau ofer 4.47n
trŵn 1.62n

trymfyd 4.47
trystaeth *trwst* + *aeth* 'galar',
  16.76
tryweddu dilyn ôl 14.34
tuedd ardal 10.13, 13.25, 14.24
tybus yn ôl yr hyn y gellir ei
  farnu 18.11
tylawd 4.65n, 13.59; tylodach
  2.57n, 9.45; *ll.* tylodion 7.81
tymp amser, cyfnod 2.3
tywyllni 1.18, 10.2
uchelfodd 6.36
unben 5.5; *b.* unbennes 6.53, 7.79
unionwart 6.57
unionwydd 16.61
urddasfael 11.11
urddasrodd 17.31
urdduniant anrhydedd, parch
  7.101
ysgwïer 6.16
ysgwyddled 11.41
ystâl rhaniad (mewn ystafell)
  8.34
ystil 8.34n, 20.11
ysto' edau hir ar wŷdd 5.84
ystyriwr 3.51n
ytir tir i dyfu ŷd 8.49, 15.30

Y llawysgrifau

*Y mae nifer o'r llawysgrifau yn cynnwys sawl llaw; ni nodir ond y llaw(iau) a
fu'n gyfrifol am godi'r cerddi sydd yn y gyfrol hon. Cydnabyddir yn ddiolchgar
gymorth Mr Daniel Huws ynglŷn ag unrhyw ddyddiadau neu wybodaeth nas
crybwyllir yn y ffynonellau printiedig a nodir.*

Llawysgrifau Ychwanegol yn y Llyfrgell Brydeinig, Llundain

BL Add 14964: Owen Jones 'Owain Myfyr', 1768, gw. CAMBM 1844, 45.

BL Add 14969: Thomas Prys, Huw Machno ac eraill, dechrau'r 17g., gw.
ib. 48.

BL Add 14976 [= RWM 22]: un o gynorthwywyr Dr John Davies,
Mallwyd, 1610–20, gw. *ib.* 52; RWM ii, 986–96.

BL Add 14978: dwylo anh., *c.* 1600, gw. CAMBM 1844, 53.

BL Add 31061: Lewys Dwnn ac eraill, diwedd yr 16g., gw. CAMBM 1876–
81, 154.

BL Add 31071: Owen Jones 'Owain Myfyr' a Hugh Maurice, *c.* 1800, gw.
ib. 154.

Llawysgrif yn Llyfrgell Bodley, Rhydychen

Bodley Welsh e 8: llaw anh., ail hanner yr 17g., gw. SCWMBLO vi, 216.

*Llawysgrif yng nghasgliad Brogyntyn yn Llyfrgell Genedlaethol Cymru,
Aberystwyth*

Brog (y gyfres gyntaf) 2: Wmffre Dafis, 1599, gw. 'Catalogue of Brogyntyn
Manuscripts and Documents', i (cyfrol anghyhoeddedig, Llyfrgell
Genedlaethol Cymru, 1937), 3–5; E.D. Jones, 'The Brogyntyn Welsh
Manuscripts', Cylchg LlGC v (1947–8), 234–6.

Llawysgrifau yn Llyfrgell Ganolog Caerdydd

Card 1.20: Elizabeth Phillips, 1850, gw. Graham C.G. Thomas & Daniel
Huws, 'Summary Catalogue of the Manuscripts … commonly referred
to as the "Cardiff MSS" ' (Aberystwyth, 1994), 3.

Card 1.133: Iaco ap Dewi, 17–18g., gw. *ib.* 15.

Card 2.6 [= RWM 13]: John Thomas Griffith, 1609, gw. RWM ii, 158–62.

Card 4.10 [= RWM 84]: Dafydd Jones, Trefriw, ail hanner y 18g., gw. *ib.* 790–3.

Card 4.101 [= RWM 83]: Huw Machno, cyn 1614, gw. *ib.* 783–9.

Card 4.110 [= RWM 47]: David Ellis, ar ôl 1771, gw. *ib.* 239–43.

Card 4.156 [= RWM 64]: Margaret Davies, 1736–7, gw. *ib.* 272–85.

Llawysgrifau yng nghasgliad Cwrtmawr yn Llyfrgell Genedlaethol Cymru, Aberystwyth

CM 11: David Ellis, 1777, gw. RWM ii, 895–900; B.G. Owens a R.W. McDonald, 'A Catalogue of the Cwrtmawr Manuscripts', i (cyfrol anghyhoeddedig, Llyfrgell Genedlaethol Cymru, Aberystwyth, 1980), 12–13.

CM 12: David Ellis, 1794, gw. *ib.* 14–15; RWM ii, 900–3.

CM 114: llaw anh., 1642–8 o bosibl, gw. B.G. Owens, *op.cit.* 145.

CM 312: sawl llaw, gan gynnwys 'llaw dybiedig Siôn Brwynog', yn ddiweddar yn yr 16g., gw. B.G. Owens, Rh.F. Roberts & R.W. McDonald, 'A Catalogue of the Cwrtmawr Manuscripts, ii (cyfrol anghyhoeddedig, Llyfrgell Genedlaethol Cymru, Aberystwyth, 1993), 370; Eurys I. Rowlands, 'Llaw dybiedig Siôn Brwynog', Cylchg LlGC vii (1951–2), 381–2.

CM 449: William Rowlands, *c.* 1700, gw. B.G. Owens, *op.cit.* 503.

Llawysgrif yng nghasgliad Gwyneddon ym Mhrifysgol Cymru, Bangor
Gwyn 1: Wmffre Dafis, 16g./17g., gw. GSCMB 30.

Llawysgrifau yng nghasgliad Coleg Iesu, Rhydychen
J 101 [= RWM 17]: llaw anh., canol yr 17g., gw. RWM ii, 68–86.

J 137 [= RWM 12]: llaw anh., *c.* 1600, gw. RWM ii, 41–6.

J 140 [= RWM 15]: llaw anh., 1600–25, gw. *ib.* 57–64; ymhellach ar y llaw, gw. E.D. Jones, 'The Brogyntyn Welsh Manuscripts', Cylchg LlGC vi (1949–50), 223.

Llawysgrifau yng nghasgliad Llyfrgell Genedlaethol Cymru, Aberystwyth
LlGC 18B: David Ellis, 1794, gw. NLWCM 50–62.

LlGC 96B: John Rowlands, 19g., gw. *ib.* 106.

LlGC 566B: Rowland Lewis, canol yr 17g. (ar ôl 1623 a chyn 1653), gw. HMNLW i, 35.

LlGC 643B: llaw anh., hanner cyntaf yr 17g. (ar ôl 1607), gw. *ib.* 43.

LlGC 670D: William Jones, Llangollen, 19g., gw. *ib*. 46–7.

LlGC 728D: llaw anh., 16g./17g., gw. *ib*. 54.

LlGC 872D [= Wrecsam 1]: John Brooke o Fawddwy, 1590–1, gw. RWM ii, 346–60; HMNLW i, 67.

LlGC 2691D: William Phylip, canol yr 17g., gw. *ib*. 232–3.

LlGC 3050D [= Mos 147]: Edward Kyffin, *c*. 1577, gw. RWM i, 180–96.

LlGC 3057D [= Mos 161]: llaw anh., *c*. 1558–63, gw. *ib*. 242–55.

LlGC 3063E [= Mos 184]: Gruffudd Dwnn, cyn 1570, gw. *ib*. 274–6; *Ystoryaeu Seint Greal*, gol. Thomas Jones (Caerdydd, 1992), xvi–xvii.

LlGC 6495C [= copi llun o Rydychen Christ Church 184]: Wiliam Cynwal, ar ôl 1570, gw. HMNLW ii, 185.

LlGC 9176A: Peter Bailey Williams, 1799–1834, gw. HMNLW iii, 123.

LlGC 16964A: llaw anh., hanner cyntaf yr 17g., gw. 'Schedule of Manuscripts, Letters, and Manorial Records from … Llangibby Castle, Monmouthshire' (cyfrol anghyhoeddedig, Llyfrgell Genedlaethol Cymru, Aberystwyth, 1939), 2–3.

LlGC 19161B: Huw Llŷn, ail hanner yr 16g., gw. 'Llawysgrifau Llyfrgell Genedlaethol Cymru 18943–20000'.

LlGC 21700D: llaw anh., 1625–50, gw. *Llyfrgell Genedlaethol Cymru: Adroddiad Blynyddol 1981–82* (Aberystwyth, 1982), 60–1.

Mân Adnau 55B [= Abertawe 1]: David Ellis, *c*. 1788, gw. D. Ifans, 'Schedule of … Minor Deposits' (cyfrol anghyhoeddedig, Llyfrgell Genedlaethol Cymru, Aberystwyth, 1975), 4.

Llawysgrifau yng nghasgliad Llansteffan yn Llyfrgell Genedlaethol Cymru, Aberystwyth

Llst 7: Gruffudd Dwnn, cyn 1570, gw. RWM ii, 433–41.

Llst 122: Wiliam Bodwrda, *c*. 1648, gw. *ib*. 609–20; R. Geraint Gruffydd, 'Llawysgrifau Wiliam Bodwrda o Aberdaron (a briodolwyd i John Price o Fellteyrn)', Cylchg LlGC viii (1953–4), 349–50; Dafydd Ifans, 'Wiliam Bodwrda (1593–1660)', *ib*. xix (1975–6), 300–10.

Llst 123: Wiliam Bodwrda, ar ôl 1643, gw. RWM ii, 620–34; R. Geraint Gruffydd, *art.cit*. 350.

Llst 125: Wiliam Bodwrda, ar ôl 1638, gw. *ib*. 649–62; R. Geraint Gruffydd, *l.c.*

Llst 133: Iaco ap Dewi, 1712, gw. *ib*. 664–94; Garfield H. Hughes, *Iaco ab Dewi* (Caerdydd, 1953), 37–40.

Llst 166: Evan Richard, *c*. 1727, gw. RWM ii, 754.

Llawysgrifau yng nghasgliad Peniarth yn Llyfrgell Genedlaethol Cymru, Aber-ystwyth

Pen 84: llaw anh., ail hanner yr 16g., gw. RWM i, 543–8.

Pen 91: llaw anh., *c.* 1641, gw. *ib.* 566–9.

Pen 99: John Davies, Mallwyd, a chynorthwywr, gw. *ib.* 613–24.

Pen 114: John Jones, Gellilyfdy, hanner cyntaf yr 17g., gw. *ib.* 689–95.

Pen 197: David Ellis, ail hanner y 18g., gw. *ib.* 1026.

Pen 313: John Jones, Gellilyfdy, 1610–40, gw. *ib.* 1118–19.

Mynegai i wrthrychau'r cerddi